学习之道
The Way to Learn
Admitted to Tsinghua

和我一样逆袭清华

苏静颖 著

北京大学出版社
PEKING UNIVERSITY PRESS

内 容 提 要

本书结合高考700分学姐的学习和心路历程，详细介绍了其由高一的年级第380名到高考700分的进步过程，并分析总结了高中学习状态与各学科的学习方法，是一本给广大高中学子的启示录。

本书共5章：第1章由学姐高一时期的低谷期谈起，分享了保持心态稳定，突破高一数学、英语等难关，通过打"组合拳"提升学习成绩、维持学习热情等方法；第2章结合高二时期的学习领悟，分享了高中选科的考量、查缺补漏的策略与课外拓展学习提升学习素养的方法；第3章结合高三时期的挫折，分享了瓶颈期的应对策略与高考复习策略；第4章分享了"学会正确努力""保持学习热情""提高学习效率""养成优秀习惯"四大学习状态养成法；第5章对语、数、英三大主科的学习方法进行了梳理和总结。

本书内容生动翔实，结合学姐个人成长经历分享了切实可行的学习方法。这本书可以引发中学生的思考，有助于高中生开拓学习思维，改进学习方法，提升学习成绩，适合广大中学生与中学生家长阅读。

图书在版编目(CIP)数据

学习之道：和我一样逆袭清华 / 苏静颖著. — 北京：北京大学出版社，2023.3
ISBN 978-7-301-33744-8

Ⅰ.①学… Ⅱ.①苏… Ⅲ.①高考－经验②高中生－学习方法 Ⅳ.①G632.474②G632.46

中国国家版本馆CIP数据核字(2023)第025183号

书　　　名	学习之道：和我一样逆袭清华
	XUEXI ZHIDAO：HE WO YIYANG NIXI QINGHUA
著作责任者	苏静颖　著
责任编辑	刘　云　刘羽昭
标准书号	ISBN 978-7-301-33744-8
出版发行	北京大学出版社
地　　　址	北京市海淀区成府路205 号　100871
网　　　址	http://www.pup.cn　新浪微博：@ 北京大学出版社
电子信箱	pup7@ pup.cn
电　　　话	邮购部 010-62752015　发行部 010-62750672　编辑部 010-62570390
印 刷 者	三河市博文印刷有限公司
经 销 者	新华书店
	880毫米×1230毫米　32开本　6 印张　172 千字
	2023年3月第1版　2023年3月第1次印刷
印　　　数	1—4000册
定　　　价	49.00 元

未经许可，不得以任何方式复制或抄袭本书之部分或全部内容。
版权所有，侵权必究
举报电话：010-62752024　电子信箱：fd@pup.pku.edu.cn
图书如有印装质量问题，请与出版部联系。电话：010-62756370

序言
PREFACE

从年级第380名到高考700分

写下这些文字的时候，距离我高考结束已经过去6年整。

2016年的盛夏，在夜半，查询高考成绩的网站被提心吊胆的考生们"挤爆"。刷新了1小时后，我的高中3年尘埃落定——

700分。

语文133分，是我高中3年来最高的分数。

数学147分，数学老师告诉我这是全省最高分，我很自豪地回复他：我没有辜负你哦。

英语134分，是我高三以来最低的分数。

文综286分，我收获了高三下学期在文综上摸寻探索的一份理想回应。

那无疑是我的高光时刻——当然，经历了大学的成长，我也意识到那其实是我的生活中平凡的一个节点，我的求知征途漫漫无终点。

在这本书里，我想与你分享我的故事，分享我遇到过的困境与挣脱泥沼的历程、方法，分享我对学习的一些感悟。

2014年的春天，高一的某天。

我记得很清楚，那天教室的窗户上贴着一层蓝色的膜，窗外有一棵好看的树。物理课上讲的是受力分析,我完全听不懂,这击溃了我最后一丝信心。我听不下去了,看着那棵树发呆。

那天还有一节地理课,也就是在地理课上,我突然萌发了去读文科的想法。

在那之前,我从来没有想过读文科。我当时的梦想,是学习听起来就很厉害并且女生比较少的计算机专业。

理科实验班一共有200多人,入学时,我以第23名的成绩考进实验班。但是高一的第一次摸底考试,我考了300多名。毫无疑问,这让我一度怀疑自己。

第一次月考,我进步了一些,考了100多名。

我距离目标排名还差七八十名。但是物理这门学科的学习难度在不断攀升,让我感到崩溃。尽管我投入了完整的周末来学习物理,但正向反馈来得太慢,我变得浮躁不安。

读文科的念头一旦冒出来,就一发不可收。

我从在地理课上冒出读文科的想法,到决定去读文科,只花了一顿午饭的时间。"到文科班去,考前10名"这个想法闯进了我的脑海。

于是我开始重视起政治、历史、地理——从上高中以来,我大部分的时间都花在了学数理化上,没有认真学过政史地这三门学科。当时距离分班考试还有两个月,我买了"五三",从头学起,把必修一、二全部学完。

很有戏剧性的是,在决定读文科后的那次月考中,我考进了年级前60名,距离目标排名还差二三十名,但"考进前10名"乃至"考进前3名"的梦想已经让我走在读文科的路上,无法回头。

高二,让我意想不到的是,我以第1名的成绩考入了文科实验班。

分班后的第一次月考,我的考号是20001,"2"代表文科。我们学校是根据上一次考试排名编排本次考试考号的,我考试的那张桌子上写着一句话:

"20001，祝考砸。"这应该是平时坐这个座位的同学写的。看到这句话的时候，我甚至感到了些许开心，因为我又做回了那个被别人关注的人。

高二暑期，距离高考还有大约 300 天的时候，我获得了清华大学优秀高中生暑期夏令营的入营机会。

我在入营报道的前一天晚上到达北京，住在前门，和同行的几个伙伴在北京的夜里游走到凌晨两三点，看到了天空是淡紫色的天安门。

第二天我拖着行李箱从游人如织的西门，第一次小心翼翼地迈进了清华校园，第一次看到了令人魂牵梦绕的二校门。

这一切就像一场朝圣仪式一样。

这个朝圣的梦，在高中报道的第一天，我在学校行政楼下"景仰"当年光荣榜上前 10 名的学长学姐的时候，便已生根发芽。

高三的前三次月考，我仿佛到达了高中生涯的巅峰，我连续考了三次年级第一。但这也让我有一些"飘飘然"，忽略了成绩起伏不定的文综。

高中最后一个学期，我的成绩持续下滑，或许是因为经过一轮复习大家对知识的掌握程度都普遍提高了，而我还处于瓶颈期；或许是因为我之前太顺利而忽略了自己隐藏的"雷"，有时候考进前 10 名都异常困难。

市一模过后，学校通知清华招生组来了，我们班十几个同学去听了分享会。根据之前了解到的信息，我知道这跟"领军计划"的选拔有关。会后，招生组长点了几个同学的名字，进行多对一的沟通，我是名单里的第一个。我反复揣摩，这个顺序会不会影响些什么，直到最后的评定结果出炉。

5 月初的一个晚自习前，我收到了初审结果可查的消息。我被初审评定为"优秀"，这意味着我可以获得至少 30 分的降分录取。在高三下学期的诸多不顺中，我又看到了希望。

我高考那年的数学题相对往年稍难一些，我考出了比较高的分数。所以，在英语发挥失常考了班级倒数的情况下，我的总分还是到了 700 分。

我收获了满意的高考成绩,为高中生涯画上了一个完美的句号。但我也经历了无数次的迷茫与无措——

高一的第一次摸底考试,我考了第380名——这个数字比实验班的总人数还大;

我在无数个夜晚辗转反侧、焦躁不安,陷入"要是高考考不好"的焦虑,陷入被同学反超的担忧;

我高三下学期的模考成绩无一理想,摆脱不掉的文综瓶颈让我的排名下降到清北线之外……

或许我和翻开这本书的你一样,总因为太多的期待与被期待,太多的不甘与自尊,将高考视为必须战胜的敌人。

但由于成绩上下波动,经历了不少心理斗争后的我,想诚恳地对你们说:高考并不是令人恐惧的猛兽,它或许只是一个倾听者、一个记录者——倾听着你三年来美好的回忆,记录着你进步的点点滴滴。

我们用什么样的心态面对高考,它便会如何面对我们。在这段旅程的终点,我们要对自己说:"我很棒,我超越了自己!"

群山翻过,水也渡过,某朝回首才会发现,原来我们以为高考是为了遥远的人、遥远的城市、遥远的自己,而真正到达了梦中反复出现的城市,才知道高考其实只是为了自己,为了成长本身。

高考,对现在的我而言俨然变成了一件很遥远的事情。但那种一心一意为了一个明确的目标拼尽全力的感觉,那些踌躇满志和惊心动魄的心境,那些从惊惶不安到逐渐笃定的心态,那般从年级第380名到高考700分一步一个脚印前行的韧劲,塑造了如今的我,让我成了自己喜欢的人。

欢迎来听我的故事——关于我的困境、挣扎和挣脱泥沼的历程。

在此,我想说:你好!很高兴接下来能陪伴你走过一小段路程。

目 录
CONTENTS

第1章 一落千丈与患得患失

1.1 新生 | 抛不掉的光环与"第380名"的困境 / 002

1.2 突破 | 研究英语作文范文并用一周的时间写出范文 / 010

1.3 破局 | 数学成绩挤进前10名的我只用了一种方法 / 023

1.4 挣扎 | 理化的困斗兽与在不及格中挣扎 / 035

第2章 方向选择与迎来曙光

2.1 抉择 | 用两个月的时间从零学起 / 043

2.2 前行 | 突破弱点与正视语文学习 / 052

2.3 翱翔 | 拓展式学习与阅读给我带来的一切 / 065

第3章 掉以轻心与黎明前的黑暗

3.1 困境 | 安逸陷阱与平台期的坚守 / 073

3.2 重构 | 识破命题人的套路,驾驭考试 / 086

3.3 尾声 | 高考,高考 / 095

第4章　优秀学习状态的养成

4.1　努力 | 警惕无效努力陷阱，正确发力　/104

4.2　热情 | 警惕间歇性努力陷阱，长期保持学习热情　/112

4.3　效率 | 我是如何提高学习效率的　/121

4.4　习惯 | 坚持就会收获好结果的学习习惯与生活习惯　/130

第5章　三大主科学习方法的养成

5.1　数学 | 数学提升与补救方法全论　/139

5.2　语文 | 语文提升与补救方法全论　/148

5.3　英语 | 英语提升与补救方法全论　/157

后记1　我的同窗，从小城到北京用了12年　/172

后记2　打破甚至摧毁自己的"神话"　/179

第1章

一落千丈与患得患失

1.1 新生 | 抛不掉的光环与"第380名"的困境

1.1.1 非清北不可!

在中考成绩尘埃落定后,我考上的高中举行了一场实验班选拔考试。我入学那一年,学校设置了5个实验班,招收的学生数量大约为300人。

在那场实验班选拔考试中,我考了第23名。

挤进了全省"尖子生"梦寐以求的实验班,我的底气与自信十足。抱着"非清华北大不上"的信念,我踏入了高中的大门。

报到的那天,我跟妈妈在行政楼下看到了高考光荣榜,光荣榜上的人以全省前20名的成绩考入了清华或北大。

我跟妈妈说,3年后,我也会出现在光荣榜上。

找教室,开家长会,搬入寝室……很快,我便熟悉了这里。这是一座"四点一面"的围城,我即将在这里度过漫长的三年。

高中时期的第一个晚自习。彼此还不熟悉的同学都在学习,整个教室鸦雀无声。严肃的班主任进来了,并且立了规矩。她说,她期待3年后我们班至少有5位同学考上清华或北大。

接着每个人都领取了一张表格——我们需要在上面写下自己的目标大学、对自己的期许,以及自己的学习规划。除此之外,我们还轮流进行了自我介绍。我发现,这个新班级里95%的同学的目标大学都是清华大学或北京大学。

我们中的绝大多数人,都"非清北不可"。

1.1.2 非实验班不可?

多么残酷的现实:考入实验班的学生都怀有"天之骄子"的傲气,都怀揣着"非清北不可"的理想。但是，每个实验班中考上清华、北大的学生或许只有5位。

在实验班残酷的竞争中，我们终究会被区分出"凤头"与"凤尾"来。

有的人会在这场没有硝烟的战争中稳操胜券、所向披靡；有的人会在短暂的溃败后奋起直追、后来居上；有的人会在持续的溃败中重新定位自我，坚持不懈地学习；还有的人则会因为跌倒而妄自菲薄、自暴自弃。

无论是因为遵从自己的上进心，还是因为遵从家长的意愿而挤进这座"实验班围城"，我们都不得不面对一个普遍的学习心理规律——成就感会促使我们充满干劲、高歌猛进；反之，挫败感可能会导致我们萎靡不振、一再沉沦。无论处于哪个学段，我们都需要来自老师的认可、来自名次的认可。毕竟当我们取得进步时，来自外界的鲜花与认可会促使我们进一步向前冲刺，这样我们很快就会进入"获得进步——铆足劲儿进一步冲刺——获得更大进步——更有干劲"的正向循环之中。

很久之后，我开始思考：如果我很不幸，没有取得这样的初始进步呢？

例如，高一时我的一个室友以地方中考前十名的优异成绩免试进入了实验班，却慢慢发现自己无法"复刻"过往的辉煌。在一次又一次的打击中，她不得不慢慢接受自己的成绩处于班级中下游的现实，不得不接受自己不再是老师与同学关注的焦点的现实，她入学时散发的自信光芒早已被现实磨蚀得一干二净。她在这样"妄自菲薄"的状态中压抑地度过了三年。但或许逃离实验班"围城"，她仍然可以做一个闪亮、积极向上的女孩。

"鸡头"还是"凤尾"，向来是一个艰难的抉择。我不止一次思考过这个问题：实验班对于抗压能力弱的人来说真的是一个好的选择吗？

但无论如何，我已经身处"旋涡"之中，无法逃脱。我在实验班生存的故事就此开启。

1.1.3 曾经的光环如今成为一个"囚笼"

我是一个极其慢热的人。尽管如此,在初中阶段,我还是凭借优异的成绩与乐于分享的性格收获了好人缘。但在一个95%的同学都奔着清华、北大的目标努力的竞争激烈的班级里,拥有好人缘哪有那么容易。

我并不是不能接受独来独往,甚至曾与我形影不离的同桌不知为何疏远我后,我的内心也并未掀起过多的涟漪。直到高中的第一次考试——摸底考试——成绩出来的那一天,我深刻地感受到了孤独。

我第一次经历了成绩带来的打击,内心被击溃:实验班约有300名同学,我考了全年级第380名,这对我来说是从小到大考试成绩排名记录的"突破"。

无独有偶,课堂上受到的打击进一步冲破了我的防线:我完全听不懂数学课,对老师在课堂上的提问一脸懵,但有好几位同学在老师提问后1分钟之内便自信地说出了正确答案。

在双重打击下,孤独的效应无限膨胀。每到周末,为了排遣孤独感,我会逐个找初中的"死党"聊天,但过度泛滥的自尊心让我不敢向他们说我的真实处境。我不能让别人知道,曾经在学习上所向披靡的我,如今是这么落魄。

无数个关于自尊心的问题反复在我的脑海中浮现,我辗转反侧——

爸爸总是向他的朋友炫耀我考上了实验班,但现在我的考试排名跌出了实验班,我还有"脸面"吗?

在一众亲戚好友中,我聪明、学习好的形象深入人心,但我现在却变成了一个切切实实的"学渣",我还有"脸面"吗?

我曾经是班里"叱咤风云"的人，可现在的我是"学渣"，也没有朋友，我还有"脸面"吗？

我曾经那么坚定、自信地向家人、老同学表达了"非清北不可"的信念，但横亘在眼前的只有第380名和一再听不懂的数学、物理课，我还有"脸面"吗？

周日下午返校，公交车缓缓爬坡，经过数个隧道后离学校就不远了。每多靠近学校一米，我内心的苦楚与挣扎便多一分。

曾经"挤破脑袋"考入的梦想学校，曾经的光环，如今竟成了让我身心备受折磨的"囚笼"。

1.1.4 内心的"他们"让我堕入心理深渊

我用了很长的时间揣摩、想象"他们"会如何看我。

"他们"是谁？

"他们"是那些对我抱有期待的人，如我的父母。

"他们"是那些我希望能够在其面前证明自己的人，如我的亲戚、我的老师。

"他们"是那些我希望能够在其面前维持尊严的人，如我父亲的朋友，我父亲曾骄傲地在他们面前夸赞我的成绩。

"他们"是那些我在脑海中构想出的假想敌，如我曾经的竞争对手。

在很长一段时间内，"他们"成了我沉重的枷锁。

"他们"对我失望了怎么办？"他们"曾认为我肯定能考上清华、北大。

"他们"要是嘲笑我怎么办？"他们"可能会想：看，这人以前成绩那么好，一到高中就不行了。

这些我想象出来的声音折磨着我。我仿佛成了一个站在茫茫冰原之上，看不到出路的绝望的独行者。

1.1.5　自救：归零心态与脱离"他们"

我必须找到自救的绳索。

所幸，我很快就找到了自己心理的两大症结：既抛不掉过往的光环，也抛不掉内心的"他们"。我要对症下药。

我仔细审视了过去三年头顶着巨大"光环"的自己。在抛掉这些光环之前，我决定先反思——反思这些光环的"来时路"。

小学高年级时的我，成绩并非拔尖，因此步入初中校园时，我坦然地接受了聚光灯不会在我身上，也坦然地接受了我可能会获得平庸的成绩。

身处"高手如云"的培优班，我没有骄傲，更没有焦虑。因为我深知初中的学习难度比小学更高，所以秉持着"成绩不处于拔尖水平很正常"的"佛系"而轻松的观念努力学习。

在初一期中考试成绩公布之前，那些集各种"光环"于一身、从小优秀到大的同学都在猜测前五名花落谁家时，我却心想：我要是能挤进年级前50名就谢天谢地了。但出乎意料的是，我考了班级第1名，年级第2名！

我瞬间从一个"小透明"变成了众星捧月的"大学霸"。不过，我仍然保持清醒的认知：从小到大我都没有过这样的好成绩，这次的好成绩只能算作一个超常发挥的意外。下次考试只要不跌得太厉害就行，尽量争取不跌出年级前30名。

但再次令我意外的是，期中考试过后不久的月考里，我考了班级第1名，年级前10名。

我的"佛系"心态就是从这时候开始逐渐消失的。

因为有了光环，因为被推上"神坛"，我学习的动力好像悄然无息地变了——从为了"里子"变成了为了"面子"。我仿佛是为了维护在同学亲朋好友眼中的"体面"而努力学习着。

于是，我变得脆弱敏感、患得患失：偶尔跌出年级前10名，我就要"哭爹喊娘"；偶尔考差一次，我就会在内心营造出"十恶不赦、颜面丢尽"的恐怖氛围。

于是，持续了3年的光环似乎变成了我摘不掉的标签和挣脱不了的枷锁，变成了与我的身体合为一体的面具。

我挣扎了很久，终于想明白：既然刚升入初中时，我能够"精准"预判竞争的激烈性，能够坦然接受自己的平庸，能够在对排名抱以"佛系"心态的前提下全身心为"里子"而努力，那么，升入高中的我也可以。

我逐渐对"年级第380名"释怀：在全省最好的中学排到年级第380名，虽然不算拔尖，但也不算差，未来依旧可期。为什么不把"年级第380名"当作高中的起点呢？

接下来我要做的，就是从这个起点一步一步往前走。哪怕再吃力，只要通过努力做到平均每3天进步1名，我也能得到想要的结果。

过去的光环或低谷有什么意义呢？既然已经身处一个新环境、新阶段，那么，自然要让一切"清零"，自然要从"0"开始，一步一个脚印向上爬。这便是"归零心态"。

此外，困扰我的还有"他们"。

既然过往的光环都需要抛掉，那为什么还要过度在意"他们"的看法呢？高中阶段，我在为自己未来的大学、自己未来的平台而努力，我所做的一切都是为了让自己变成一个更好的人，而不是为了"他们"。

我反问自己：追逐优秀的征途上一定要为别人的目光而"表演"吗？我难道不是发自内心地希望自己变得更好吗？

想明白这些后，我从曾经困扰自己的"心魔"中剥离出了自己的心愿。考上清北是我自己的事情，是我自己的梦想。我为之而努力甚至倾尽全力，也可以坦然地接受任何结果，包括失败。只要我不断地超越自己，超越"年级第380名"这一起点，我就应该为自己喝彩。

在厘清这两个问题后，我学会了与自己和解，更学会了享受为更好的自己而努力的状态。

高一第一学期剩余的考试中，我的成绩从年级第380名，进步到了年级第100名左右，又进步到了年级第60名左右——这意味着我离考上清北的名次仅差30名左右而已。

归零之后，一步一步向上，享受进步，多好！这一切让我迎来了真正意义上的"新生"。

后来，归零心态与忽略"他们"、忠于自我，成了我读大学、工作时期的个人心态准则。这两种心态让我受益颇多，因此，虽然我目前还是一个没有太多社会经验的年轻人，虽然我还是一个无名小卒，但还是想总结一番，与阅读本书的你们分享。

无论是在学习中、工作中还是生活中，归零心态与忽略"他们"都能让我们更专注于自己，更专注于享受自己变得更好的过程。

归零心态也可以称为空杯心态。无论是新的一天还是新的一个阶段，我们都可以把自己想象为一个空杯子：忘掉昨天的荣耀或挫败，新的一天从零开始，逐步积累，奋力超越自我。

忽略"他们"就是更专注于自己，不让内心想象的"他们"的看法成为我们前行路上的障碍，从自己的进步中真正地感受到快乐与成长。

当努力变成一件快乐的事情而非枷锁时，学习的效率自然会提高。打败心魔后，接下来欢迎大家与我一同进入在学习上升级打怪的"游戏"进程。

1.2 突破 | 研究英语作文范文并用一周的时间写出范文

高一时，我的班主任是英语老师，全班同学在学习英语上自然需要投入额外的精力。

在坦然面对"年级第 380 名"后，我已经能够从容地应对自己各科各专题层出不穷的漏洞，并且能够冷静地思考应对策略，"升级打怪"。

最先被我打败的"妖怪"便是英语作文。当时我们还没有进行高考改革，英语作文仅考查应用文一项，"Li Hua"作为写信者，在精神上陪伴了我 3 年。高中第一次英语周考，我的作文成绩不容乐观，甚至惨不忍睹——满分 25 分的应用文，我得了 15 分，而班级最高分是 21 分。

在遵循"研究基础——剖析试题——提升规划"的学习原则的基础上，我用一周的时间，按照先后顺序完成了三件事情：总结英语作文范文的特点，总结英语作文试题的考查方向，将 Li Hua "附体"至 3500 个单词与阅读题。

这让我的作文在下一次英语考试中很顺利地获得了 23 分，并被老师当作范文在全班讲解。那么，这三件事分别如何进行呢？

1.2.1 研究范例：总结英语作文范文的特点

"知彼知己，百战不殆。"《孙子兵法》流传下来的智慧可以用于学习、工作与生活的方方面面。我们可以把考试中的满分答卷当作彼方，也可以把考试本身当作彼方，研究清楚满分答卷的特点与试题特点，并了解清楚自己的优势与劣势，自然可以得出科学的应对策略，从而在考试中做到"百战不殆"。

对于英语作文，高分范文自然而然就是彼方。那么，如何知"彼"呢？

下面以一篇范文为例,进行详细说明。

Dear Allen,

① How's everything going? I am writing to invite you to participate in the Chinese classic music concert <u>held</u> by my school tomorrow at 9 pm at the school hall, <u>ceremonious and highly anticipated</u>.

② This is an annual feast <u>where</u> you could <u>not only</u> <u>immerse yourself in</u> music <u>which</u> is on behalf of ancient Chinese music's <u>top-the-line</u> level, <u>but also</u> <u>have a profound acquaintance of</u> <u>an enormous quantity of</u> Chinese traditional culture.

③ At the beginning of the <u>magnificent</u> concert, the headmaster will give a speech about <u>the core spirit of</u> Chinese traditional music.

④ Then it's the turn for our school's chorus to give an <u>extremely fascinating</u> performance as the first program. Afterwards, the one <u>who</u> <u>addicts to</u> the Chinese music <u>has an infrequent opportunity</u> to show his or her works.

⑤ <u>What I know is that</u> you have learnt erhu <u>with your shoulder to collar</u> for three months and long for a ball to show your talent. Therefore, I heartfeltly in this letter invite you to attend the concert to gain an unforgettable memory.

⑥ Please consider my invitation seriously. <u>It would be my glory if</u> you could come to the concert with me.

Best wishes.

Yours,
Li Hua.

第一步,逐句剖析亮点。

第①段有 3 处亮点。其一,"held by my school tomorrow at 9 pm at the

school hall",用到了非谓语动词,构成了长难句;其二,"ceremonious and anticipated",用高级形容词作状语;其三,"highly anticipated",用副词修饰形容词,凸显程度。

第②段有7处亮点。"where""which""not only...but also"分别引导了三个从句,将它们融汇在了一个长难句中,构成了3处亮点;"have an acquaintance of"替代了"know","an enormous quantity of"替代了"many",短语的运用构成了2处亮点;"profound"替代了"deep","enormous"替代了"huge",高级形容词的运用构成了2处亮点。

第③段有2处亮点。其一,"magnificent"替代了"nice";其二,"the core spirit of"灵活运用了短语。

第④段有3处亮点。其一,"extremely fascinating"中,用高级副词修饰形容词;其二,"addicts to"替代了"like";其三,运用高级形容词"infrequent"修饰"opportunity"。

第⑤段有3处亮点。其一,"What I know is that"引导从句;其二,"with your shoulder to collar"意为"拼命工作",体现了对地道短语的运用;其三,"heartfeltly"利用高级副词修饰"invite"。

第⑥段中,"It would be my glory if..."引导的从句是一大亮点。

经过分析我们发现,范文之所以成为范文,是因为其中有大量亮点。

第二步,归类整理亮点(见表1-1)。

表1-1 归纳整理亮点

类别	亮点	举例
遣词	运用高级形容词、副词	profound

续表

类别	亮点	举例
遣词	运用副词修饰形容词与副词	extremely fascinating
	运用短语替代动词	addict to
	运用地道短语	with your shoulder to collar
造句	各类句式,如非谓语动词	held by my school
	各类从句	What I know is that...

至此我们便会发现,综合运用六大知识点,便可以写出符合阅卷给分标准的英语作文。而这些都是我那份只得了15分的作文里缺失的。接下来我需要做的,便是熟练掌握并充分储备这六大知识点。

1.2.2 剖析试题:总结英语作文试题的考查方向

借助学校的考卷、辅导书,以及在网上搜到的高考真题,对英语作文试题进行归类研究后,我发现了题目的规律——大多数英语应用文是以Li Hua 的身份写各类信件。试题大体上可分为以下几种类别。

1. 道歉信

假定你是李华,因为忙于准备期末考试,你忘了安妮向你发出的生日聚会邀请。为表示歉意,请给安妮写一封道歉信。

写作要点如下。

(1)真诚道歉,感谢她的邀请。

(2)解释原因。

(3)邀请她下次见面。

(注意:词数100左右;可适当增加细节,以使行文连贯;信的开头和结尾已为你写好。）

2. 感谢信

假定你是李华，你所在的"中国剪纸文化的传承（inheritance）和发展"课题研究小组刚刚获得今年的"中国大智慧创新研究挑战赛（China Thinks Big）"二等奖。请你写信给你的外籍教师史密斯先生，感谢他一直以来对你们的支持与帮助。

写作要点如下。

（1）比赛时间：4月19—20日。

（2）比赛地点：哈佛（Harvard）上海中心。

（3）课题与收获。

（4）感谢和祝愿。

（注意：词数100左右；可适当增加细节，以使行文连贯；信的开头和结尾已为你写好。）

3. 邀请信

你们班同学打算周六去爬香山。请给外教Chris写一封英文信，邀请他参加此次活动。

具体内容如下。

（1）时间：8 am—5 pm。

（2）集合地点：校门口。

（3）交通工具：公交车。

（4）携带物品：雨具、午餐、相机。

（注意：词数不少于100；可适当增加细节，以使行文连贯；信的开头和结尾已给出，不计入总词数。）

4. 申请信

假定你是李华，你看到了某跨国旅游公司在中山市当地招聘暑期实习生的广告，你想利用高考结束后到大学入学前这段时间去打工。于是你打算写一封求职信申请该职位。

写作要点如下。

（1）年龄：18。

（2）毕业学校：中山市一中。

（3）电子邮箱：lihua1998@126.com。

（4）相关工作经验。

（注意：词数100左右；可以适当增加细节，以使行文连贯；信的开头和结尾已为你写好。）

5. 咨询信

假定你是李华，最近你在当地报纸上看到了某游泳培训班发布的广告。对方称其有称职教练（instructor），一周包会。你会一点游泳，但水性不太好，因此想在暑假参加训练。

请你写一封咨询信了解相关情况，写作要点如下。

（1）咨询训练的具体时间和地点。

（2）咨询条件和费用。

（3）其他特别注意事项。

（注意：词数100左右；可以适当增加细节，以使行文连贯；信的开头和结尾已为你写好。）

6. 投诉信

假定你是李华,上周六你有一次不愉快的就餐经历,你对餐厅服务员的态度非常不满意。于是你打算给该餐厅的老板写一封投诉信。

写作要点如下。

(1)问题:牛肉面中有苍蝇,服务员态度粗鲁。

(2)要求:餐厅赔礼道歉。

(注意:词数 100 左右;可以适当增加细节,以使行文连贯;信的开头和结尾已为你写好。)

7. 建议信

假定你是李华,最近你们班从英国转来了一名新生,名叫 Jenny。这是她第一次远离家乡,她很想念父母及家人,思念至深时常常独自在深夜哭泣。为此,请你给 Jenny 写一封建议信,写作要点如下。

(1)鼓励 Jenny 坚定求学信念,志存高远,四海为家。

(2)就 Jenny 目前的状况,提 2~3 个建议。

(注意:词数 100 左右;可以适当增加细节,以使行文连贯;信的开头和结尾已为你写好。)

8. 祝贺信

假定你是李华,你得知你的外国笔友 Peter 获得了"汉语桥"世界大学生中文演讲比赛一等奖。你为他感到骄傲,并打算给他写一封祝贺信,写作要点如下。

(1)肯定他的努力,他每天练习讲汉语,从不会到流利,终于成功。

(2)鼓励他继续努力,有机会来中国留学。

（3）希望与他见面和交流。

参考词汇："汉语桥"Chinese Bridge；"世界大学生中文演讲比赛"Chinese speech contest。

（注意：词数100左右；可以适当增加细节，以使行文连贯；信的开头和结尾已为你写好。）

不难发现，这8类信件都是贴近生活的。也就是说，这些题目告诉我们，平时积累时要格外注意与这8类生活场景有关的词汇和短语等。

更重要的是，无论是道歉、感谢还是祝福等，各类主题的信件都有特定的句式表达。那么，在学习写英语作文的过程中，我们便可以摆脱"无头苍蝇"困境，有方向、有计划地积累特定句式。举例如下。

关于道歉的句式：I would like to give you my sincere apologies for...

关于感谢的句式：With gratitude in earnest I write you this letter for...

关于邀请的句式：Would you please let me know as soon as possible if you can accept my invitation?

关于申请的句式：Immediately I saw your advertisement in the paper for... I felt it was just the kind of post for which I have the qualifications and for which I have been looking for some time.

关于咨询的句式：I would be much obliged to you if you let me know the procedures I have to go through.

关于投诉的句式：We know that you are not generally careless, but we should like your assurance that this will not happen again.

关于建议的句式：If I were you, I would...

关于祝贺的句式：I would like to extend to you my utmost congratulations on...

简言之，除了剖析试题、分析试题、归类整理，我们还可以为各类主题的作文准备一篇个人的"范式"，再邀请老师帮忙修订。这样一来，再遇到同类作文的时候，我们就会有很多通用的词汇、句子可以运用。

1.2.3　将 Li Hua "附体"至 3500 个单词与阅读题

通过对试题归类，我们可以做好不同作文题之间"共性"层面的准备。那么，我们应该如何应对每道作文题的"个性"，如何准备针对不同作文题的高级词汇和短语，又如何将平时学到的各类句式与从句写进作文里呢？

为了解决这几个问题，我对课本上的单词表、课文，以及平日阅读题的文本下了手。

怎么对单词表下手呢？

高中英语老师势必会对每个单元单词表中的重点词汇进行拓展讲解。在听课过程中，我额外记忆了一些长难词的短语搭配，同时格外注意"又臭又长"的形容词或副词，并且把这些好词、好短语单独记到了一个小型便携的笔记本上专供写作复习使用。

例如，学习"abundant（丰富的）"时，老师拓展了"extremely abundant（极其丰富）"，那么我们需要做的是，除了重点记忆这两个形容词和副词，再把"extremely + adv."的结构牢牢记住。在写作过程中，但凡我们想落笔写下"many"时，便调动"abundant"以替换；在恰当的语境中可强调"极其"时，便可以充分发挥"extremely"对形容词或副词的修饰作用。

又如，学习"absorb（吸引）"时，老师拓展了"absorb oneself in doing sth.（某人沉迷于做某事）"，那么我们需要牢牢记住其可以替代"like"，或者替代"my hobby is..."。

发现了吗？我们只要做到对单词表中的新单词、长难词的用法烂熟于心，密切关注老师课堂上所讲的短语的拓展用法等，再"刻意"将其用于作文里，那么作文分数想不涨都难。在这个过程中，我们既能熟练掌握长难词、短语的用法，又能提高英语作文的分数，可谓一箭双雕。

课文和平日坚持训练的阅读题、完形填空，更是写作素材的重要来源。我们怎么对这些文本下手呢？

整个高中阶段，我坚持每天至少做 2 篇完整的英语阅读题。我学习英语的时间几乎都是"挤出来"的——课间精力充沛的时候完成一道英语阅读题，晚自习做数学题等极耗费脑力的训练后再完成一道题，顺便放松大脑……

那么，在做阅读题的过程中如何积累素材呢？接下来我以一篇阅读题原文为例，简要谈谈我通过阅读题积累素材的思路。

① <u>Popularization</u> has in some cases changed the original meaning of emotional intelligence. Many people now misunderstand emotional intelligence as almost everything desirable in a person's makeup that cannot be measured by an IQ test, such as character, motivation, confidence, mental stability, optimism and "people skills." Research has shown that emotional skills may contribute to some of these qualities, but most of them move far beyond skill-based emotional intelligence.

We prefer to describe emotional intelligence as a specific set of skills that can be used for either good or bad purposes. The ability to accurately understand how others are feeling may be used by a doctor to find how best to help her patients, while a cheater might use it to control potential victims. Being emotionally intelligent does not necessarily make one a moral person.

Although popular beliefs regarding emotional intelligence run far ahead of what research can reasonably support, the overall effects of the publicity have been more beneficial than harmful. The most positive aspect of this popularization is a new and much needed ② <u>emphasis on</u> emotion by employers, educators and others interested in promoting social well-being. The popularization of emotional intelligence has helped both the public and researchers re-evaluate the functionality of emotions and how they serve people adaptively in everyday life.

Although the continuing popular appeal of emotional intelligence is desirable, we hope that such attention will excite a greater interest in the scientific and scholarly study of emotion. It is our hope that in coming decades, advances in science will offer new perspectives from which to study how people manage their lives. Emotional intelligence, with its focus on both head and heart, may serve to point us in the right direction.

①处画线单词"popularization"意为"大众化",我会联想"传统文化"主题应用文的必背表达"伴随着中华传统文化的普及"并进行翻译积累: with the popularization of Chinese traditional culture。接着,这个优质短语就会被我记录到写作便携本上——正面记录英文表达,背面记录相应的中文释义,考前便可集中复习。

②处画线短语"emphasis on"意为"强调",我会记忆"put more emphasis on"这个完整的表达,并尝试自己造句:We cannot emphasize the importance of protecting the environment too much because we have only one Earth. (再怎么强调保护环境的重要性也不为过,因为我们只有一个地球。)同样,我也会把它记录在便携本上。

当然，每天用这样的方法积累写作表达不宜过多，否则会耗费我们太多的时间。毕竟高中时期我们要同时学习6~9门学科。但是，也不要忽视"积少成多"的力量，如果每天能积累2个写作表达，高中三年下来即可积累2190（$365 \times 2 \times 3$）个。

看到这里你或许会想，费这么大劲儿提升英语作文分数值得吗？

我的答案是，万分值得。

在积累写作词汇、短语乃至句式的过程中，我们可以学到诸多搭配，学到地道的表达方式，也能够对语法的实际运用产生更深的领悟。而这一切无疑会对我们做阅读题、完形填空等题型产生莫大的帮助。更重要的是，这样做可以为我们以后学习更多的实用性英语打下扎实的基础。

值得注意的是，每1分对任何时候的我们而言都很重要。对于当时的我而言，我成功地解决了第一个难题，获得了信心与冲劲儿，而英语作文增长的8分也与其他增长的分数一同反馈到了我提升的排名里。这让我知道了，我是可以的，我要继续努力、继续前进。而对于参加高考的我们而言，每多1分，都意味着排名的上升，都意味着拥有更大的对学校与专业的选择权。

1.2.4 从写出范文这件事中反思学习通法

在自己的英语作文成为范文之后，我总结了这一次小小的成功的经验，获得了一个学习通法。

对于任何一个学习难题，我们都可以遵循"研究样例——剖析考核标准——细化积累基础——反复训练至熟能生巧"的流程把难题"打倒"。

研究样例也可称为"模仿"。从幼儿时期开始，我们通过模仿学习说话、通过模仿学习走路，"模仿"一直作为一种重要的学习形式伴随我们左右。

这一基本方法在中学、大学的学习中依然重要。例如，要找到英语作文进步的方向，就可以先对范文进行模仿；要想提高数学成绩，就可以先找出高分答卷样例，与自己还不够优秀的答卷进行对比，找出自己还需要加强理解的知识点及需要改进的答题细节……

剖析考核标准就是对考试知"彼"的过程。搞清楚考试的特点、考查的方向，能让我们在"模仿"的基础之上进一步明确并完善自己的"To Do List（任务清单）"。

细化积累基础则是将前两个步骤中定下的"To Do List"付诸行动与实践。例如，在我提升自己英语作文分数的过程中，"To Do List"包含积累高级形容词、副词，积累短语，积累强调句、非谓语动词等句式，熟练运用各种从句等。在细化积累基础这一步，我会结合课堂知识与平时的阅读训练，逐步积累。

最后便是在以上步骤的基础之上坚持训练与复习，让自己熟能生巧。如此一来，我们的成绩与学习能力自然能得到提升。

1.3 破局 | 数学成绩挤进前10名的我只用了一种方法

中考时我的数学考试获得了满分,很荣幸地成了当地唯一一个"满分选手"。但是,高中第一节数学课,我就听蒙了。

那一节课老师讲的是"不等式奇穿偶回的解法"和"数形结合"。但从老师讲分解三次式开始,我便进入了听"天书"的状态。想必被数理课折磨过的人都会有这样的经历:弯腰捡支笔,或是分神3分钟,这节课就再也听不懂了。

更让我受打击的是,实验班有不少同学一听就懂,他们在课堂上应答如流,课后"秒杀"作业题。而我面对作业题,一道也不会做。

上完第一节数学课的那天中午,我没有去吃午饭,而是直接回了寝室。我没有办法接受这样的自己——作为初中时数学的佼佼者,高中的第一节数学课,我居然一点儿也没听懂。并且,老师讲的仅仅是初高中衔接的解不等式!

那一整天,无论上什么课,无论写什么作业,无论是吃饭还是睡觉,我脑海里想的只有数学。

幸运的是,在听"天书"的时间里,我还是凭借强大的心理素质,把所有的板书一字不漏地记了下来。我花了一整个中午和一整个晚上的时间模仿——模仿课堂上老师的推导演算过程与解题过程,并尝试理解课堂上的所有例题。

第一道题不懂,第二道题模模糊糊,第三道题一知半解。从第四道题开始,我慢慢地开窍了,慢慢地能够举一反三……

大概经历了数学课两个星期的"洗礼",我接纳了自己的新设定——

在高手如云的实验班，我的确不聪明；我学起数学来的确慢半拍，我需要与十有八九听不懂的数学课和解。但我不能放弃。

我没有喘息的机会，没有把当天没弄懂的数学课积攒到第二天的权利。所以，我从不拖欠，虽然在课堂上听懂的内容寥寥无几，但我会模仿，会一字不漏地记下板书，然后花很长的时间细细琢磨。

从不拖欠，从不抄作业，这是我的原则。

尽管我未曾落下一次作业，未曾拖欠一节课，可是第一次月考，我的数学成绩还是仅达到了及格线——100分的卷子，我考了60分。当然，这是实验班单独命题的考试，试题确实很难。虽然全班考上80分的人寥寥无几，可是我的自尊和骄傲要求我要考到80分以上。

于是我的生活就在教室、寝室和食堂间，迷茫地、枯燥地流转起来。我也曾经自我怀疑：这样的坚持有用吗？

幸运的是，这样的怀疑并没有持续太久，飞涨的数学成绩已经给了我答案。在第二次月考中，我采取了直接舍弃压轴题的策略，数学成绩达到了78分。虽然没有达到我的目标，但我挤进了班级前15名。

经历了将近3个月的挣扎和探索，熬过了初等函数的学习阶段，我已领悟并形成了特定的应对数学这一学科的学习模式：两个原则和一个方法。

在此，我将结合自己的学习实践，谈谈我所运用的这两个原则和一个方法。它们代表着我整个高中阶段学习数学所需要的思维和学习能力，帮助我在数学上逐渐"开窍"，并且帮助我成为班级前10名甚至第1名。

两个原则分别是"听不懂，就速记""当日课，当日毕"；一个方法则是"没思路，就翻译"。

1.3.1 听不懂，就速记

经历了两三周数学课的"毒打"，我已经坦然接受现实：以我的水平，每节数学课有 90% 的概率听不懂。我也逐渐被迫丢掉曾经的光环与骄傲。但这都不意味着放弃。

我承认自己与其他同学存在差距，然后努力追赶。

追赶的第一步是"听不懂，就速记"。虽然我总是跟不上老师的思路，但老师在课堂上所讲的推导过程，所讲的一题多解，我都会迅速记下来。同时，我会努力抓取老师言语中的要点，标注于侧。

速记，就意味着不能顾及笔记的美感，做到自己能看懂即可。同时，我也留有一定余地：我仅速记推导过程中的关键性步骤，其余内容自己课后一五一十地思考与演算。例如，我在课堂上第一次听到对勾函数并对其单调性的推导过程一知半解的时候，记在笔记中的内容如下。

$$对勾函数与图像\left(y = x + \frac{a}{x}, a > 0\right)$$

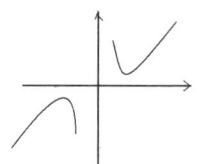

（1）推导（用单调性定义直接推导）。

设 $x_2 > x_1 > 0$，则

$$y_2 - y_1 = (x_2 - x_1) + \frac{a(x_1 - x_2)}{x_1 x_2} = \frac{(x_2 - x_1)(x_1 x_2 - a)}{x_1 x_2} = （未完成01）$$

重点：利用数轴标根法，分类讨论 $\left(0, \sqrt{a}\right)$ 与 $\left(\sqrt{a}, +\infty\right)$ 两个区间。

（2）举例：$\left(y = x + \dfrac{4}{x}\right)$。

$x > 0$ 时，最小值于 $x = \sqrt{4}$ 处取到，$\left(0, \sqrt{4}\right) \uparrow, \left(\sqrt{4}, +\infty\right) \downarrow$。
奇函数，$x < 0$ 时相反。

标注的重点部分，是我上课过程中没跟上节奏、没听懂的内容。我仅抓取老师讲解过程中提及的思路，速记下来给自己在课后复盘提示。同时，速记的过程中我会借助一些自己惯用的符号来提升速度，如"单调递增"和"单调递减"分别用向上箭头（↑）和向下箭头（↓）表示。

这样速记的好处有三个。一是为我们课后自主思考提供线索和思路。虽然课堂上没能听懂，但起码我们知道这节课在讲什么，我们需要掌握什么，用什么方法和思路推导。这样复习的时候我们便不会像无头苍蝇一样。

二是可以使我们的大脑一直保持活跃，我们不会因为"听天书"而犯困。

三是满眼"未完成"标注的速记笔记会让我们在拥有成就感、收获感的同时，促使我们根据自己标注的序号，在课后逐项"打怪通关"。

值得注意的是，不同的老师有不同的上课风格。有的老师会根据授课的知识点与笔记有条理地将板书呈现出来，在这种情况下，我们只需参照老师的板书进行速记即可。而有的老师主要通过讲解实例等方式进行授课，不习惯写条理清晰的板书，在这种情况下，我们就需要根据老师讲课时通用的转折语抓取课堂中的不同知识点，掌握不同问题的切换节奏。转折语一般有：

"好，接下来……"

"继续往下……"

"再来看……"

我们可以根据转折语，迅速构建课堂所授内容的思维导图。假设我们正在上一堂关于函数单调性的课，我们抓住了以下几句包含转折语的话：

"好，这节课我们来学习函数的单调性。"

"我们继续往下做一道例题，利用定义证明单调性。"

"再来学习一种特殊函数。"

那么，我们就可以据此画一张简略的思维导图，这节课的主要内容如下。

$$函数单调性\begin{cases}单调性的定义\\例题：证明单调性的模式\\特殊：对勾函数的单调性\end{cases}$$

在这样的框架的引导下，结合课堂所讲的具体的推导过程、例题，并利用前述方法速记的笔记，我们便能够很好地为课后复习绘制路径明确的"地图"。

1.3.2 当日课，当日毕

为了让我们有更充沛的精力"攻克难关"，学校会将每天的数学课基本都安排在上午。我深知当日事当日毕与积重难返的道理，因此，无论高一的学习任务如何繁重，我都坚持做到每天消化当天所学的数学知识。

那么，我是如何做到的呢？

在这个过程中，我们普遍会面临两个难题：用什么时间？用什么方法？

在时间问题上，我将课后的数学学习时间划分为三部分：午休时间、课间时间、晚自习时间。

首先，我会尽量利用每天午休的时间将数学课上没听懂的内容消化掉。上午的课程于 12：20 结束，下午的课程于 14：30 开始。如果当天的课程难度较高，那么为了节省时间，我会选择在下课后赶往超市买一袋吐司和一瓶牛奶，在 12：30 左右回到寝室开始复盘。同时，我把自己的午休时间固定于13：30—14：00。这样一来，每天中午我便会有30~60分钟的时间可以用于理解上午数学课中未听懂的内容。

其次，课间时间我主要用于"打扰"后桌的同学。对于课堂上记录下的不懂的知识或是午休时未能成功消化的内容，为了节省时间，我会选择求助。当然，如果是课堂上听得一知半解的内容，我就会先尝试结合工具书自己消化；如果未成功，再发出求救信号。幸运的是，我拥有一个极其有耐心且无私的后桌，无论抛过去多少数理化问题，他都会尽其所能解答。在这个过程中，我抛出的"刁钻"问题也会促使他进一步思考与理解。升至高二、高三，我扮演解答者的角色时，才愈发深刻地领悟到，在这个过程中，提问者与解答者实质上获得了双赢的结果。

最后，晚自习完整、安静的时间，我主要用于做数学作业与刷题。高一时期我们面临九门学科的学习任务，并且各科老师往往都会"无节制"地布置作业。在确实无法"忙转"的时候，我会结合自己的选科倾向，有选择性地决定作业的轻重缓急。例如，高一上学期，我坚定地打算成为理科生。因此，晚自习阶段，我按照"数学（主科最重要）——物理（于我而言最难）——化学（老师布置的作业多）——英语（日积月累很重要，可于课间完成）——语文（日积月累很重要，可于课间完成）——生物（难度较低，可于假期集中攻克）——政、史、地（有选择性地写作业，且可于考试前集中攻克）"的顺序学习。这样，我就能保证每天晚自习至少完成20道数学题。

另外，我主要将数学学习分为三个层次：学懂该学懂的、做好数学作业、结合自己的情况自主刷题。这三个层次逐层递进。

如何学懂该学懂的呢？

第一，对于自己一窍不通的内容，我通过求助获得大致的思路后，再进行自主思考。在高中学习任务繁重的情况下，这样做可以节省很多时间。

第二，对于自己一知半解的内容，我会结合速记笔记的提示，搭配工具书（市面上常见的辅导书均可）辅助理解。理解后再自主推导——在这个过程中不借助任何现有笔记和工具书。很多情况下，看懂、听懂不意味着我们已掌握知识，只有在不借助外力的情况下，能自主复述、独立推演才可视作真正理解知识。否则，我们可能会面临"平时听懂了，考试却不会"的困境。

如何做好数学作业呢？做数学作业分为三个阶段：初次做作业、在讲评过程中反思、定期回顾。

在初次做作业的过程中，我会争取一题不漏地认真做完。基本上每个老师都会精准地根据课堂上讲授的知识布置作业，这是个绝佳的对当日所学内容加以巩固的机会。如果遇到自己难以解答的题目，可以寻求帮助；如果遇到同学普遍难以解答的题目，可以等待老师讲解。

在作业讲评环节，我会着重学习老师所讲的一题多解，会注重对比我与老师解题方法的不同。在这个过程中，我们需要重点记录自己没有想到的方法。同样，记录方式为速记，而且需要在当天课后进行消化。

在定期回顾环节，我舍弃了繁重且耗费时间的将重点习题誊抄至错题本的形式。如果重点习题出自书籍，我便利用荧光标签，在需要重点回顾的题型所在页标注对应的知识点与方法，以便后续"按图索骥"地复习；如果重点习题出自试卷等零散的纸张，我便为不同学科不同章节准备不同的文件袋，如"三角函数"文件袋、"立体几何"文件袋等，同样会在需要重点回顾的题型所在页上贴荧光标签，分类保存。同时，我会利用周末的时间进行定期回顾。回顾的过程中我会先遮住曾经做过的笔记，自主回忆并重做习题后再进行比对，从而完成对自我的检验。

就这样,我做到了从未拖欠任何一天的数学课,为后续的进步打下了坚实的基础。

1.3.3 没思路,就翻译

"翻译题目"的方法,我用了3年。它帮助我在高考中挽回了一道价值12分的概率统计题,帮助我顺利在12分钟内做完了解析几何压轴题;它还被我运用在了政治、历史、地理主观题的解题过程中。

发现这一方法,是在一节数学课上。

高一的数学老师有每节课随机找同学现场做题的习惯,我自然也没有逃脱。我面对的是一道稍有难度的函数解答题,题目呈现在黑板上,数学老师没有给我思考时间。我站起来,还没把题目读完,便被老师引导着一句一句地将题目背后的数学语言"翻译"了出来。题目中的每一句话背后的信息全部被精准翻译为数学语言后,这道题的解法便呈现在了眼前。

这听上去似乎是一个极为简单的方法,但大多数人从未尝试过。因为我们通常的做题方式是通读题目后,综合所有条件思考这道题要用什么解法,要如何梳理题目中给出的条件。这样做便忽略了解决问题最朴素的思路——我们可以结合题目语言的顺序,逐个细节进行翻译突破。

从那以后我更是惊奇地发现,这一朴素的解题思路被老师运用在了课堂上每一道题的解题过程中。在此之前,我竟从未留意这个细节。

为方便大家理解,接下来我以2021年的一道高考解析几何真题为例,分享如何用"翻译题目"的方法做数学题。

(2021新高考全国一卷,21)在平面直角坐标系 xOy 中,已知点 $F_1\left(-\sqrt{17},0\right)$,$F_2\left(-\sqrt{17},0\right)$,点 M 满足 $|MF_1|-|MF_2|=2$。记 M 的轨迹为 C。

（1）求 C 的方程；

（2）设点 T 在直线 $x=\dfrac{1}{2}$ 上，过点 T 的两条直线分别交 C 于 A、B 两点和 P、Q 两点，且 $|TA|\cdot|TB|=|TP|\cdot|TQ|$，求直线的斜率与直线 PQ 的斜率之和。

首先翻译题干。根据定义，通过 $|MF_1|-|MF_2|=2$ 这一条件，我们知道该轨迹是双曲线的右支。翻译的过程中，我们需要逐字逐句将题目语言转化成数学语言，如表 1-2 所示。

表1-2　翻译题目

题目语言	数学语言
① 点 $F_1\left(-\sqrt{17},0\right)$，$F_2\left(-\sqrt{17},0\right)$	$c=\sqrt{17}$
② 点 M 满足 $\|MF_1\|-\|MF_2\|=2$	$2a=2$
③ M 的轨迹为 C	轨迹为双曲线，则 $c^2=a^2+b^2$

接着翻译设问。

设问（1）需要我们求解 C 的方程，即求双曲线的 a 与 b。我们从条件①②③的翻译中发现了 3 个未知数，分别是 a、b、c。同时"翻译"的结果正好包含 3 个方程，而通过 3 个方程正好可以把 3 个未知数都解出来。

解答过程如下。

（1）由已知得点 M 的轨迹为双曲线，且

$$\begin{cases} c=\sqrt{17} \\ 2a=2 \\ c^2=a^2+b^2 \end{cases},\ 解得\ \begin{cases} c=\sqrt{17} \\ a=1 \\ b=4 \end{cases}。$$

∴ C 的方程为 $x^2 - \dfrac{y^2}{16} = 1$。

第一问解答完毕后,我们再来看第二问的翻译过程。值得注意的是,翻译解析几何题目的过程中,我们需要大胆假设,碰到未知点就用字母假设点,碰到未知直线就用字母假设直线。在假设的过程中,出现诸多新的未知数也没有关系,一旦我们将题目中的条件逐一翻译为数学语言,便可以找到足够数量的方程以解出答案。

我们继续按照题目的顺序进行翻译。

④ 点 T 在直线 $x = \dfrac{1}{2}$ 上,翻译:设点 $T\left(\dfrac{1}{2}, t\right)$。

⑤ 过 T 的两条直线分别交 C 于 A、B 两点。

翻译如下。

设过点 T 且与 C 交于 A、B 两点的直线为 l_1,则 $l_1: y - t = k_1\left(x - \dfrac{1}{2}\right)$。
设 $A(x_1, y_1)$,$B(x_2, y_2)$。

又因 l_1 与 C 相交,联立方程 $\begin{cases} y - t = k_1\left(x - \dfrac{1}{2}\right) \\ x^2 - \dfrac{x^2}{16} = 1 \end{cases}$,

得 $(16 - k_1^2)x^2 + (k_1^2 - 2k_1 t)x + \left(k_1 t - \dfrac{k_1^2}{4} - t^2 - 16\right) = 0$。

$\therefore x_1 + x_2 = \dfrac{k_1^2 - 2k_1 t}{k_1^2 - 16}$,$x_1 x_2 = \dfrac{k_1 t - \dfrac{k_1^2}{4} - t^2 - 16}{16 - k_1^2}$。

⑥ 过点 T 的两条直线分别交 C 于 P、Q 两点。

翻译如下。

设 $l_2: y-t=k_2\left(x-\dfrac{1}{2}\right)$, $P(x_3,y_3)$, $Q(x_4,y_4)$。

同理得，$x_3+x_4=\dfrac{k_2^2-2k_2t}{k_2^2-16}$, $x_3x_4=\dfrac{k_2t-\frac{k_2^2}{4}-t^2-16}{16-k_2^2}$。

⑦ $|TA|\cdot|TB|=|TP|\cdot|TQ|$。

翻译如下。

$|TA|\cdot|TB|=\left(k_1^2+1\right)(x_1-1)(x_2-1)$, 整理得

$|TA|\cdot|TB|=\left(k_1^2+1\right)\dfrac{t^2+12}{k_1^2-16}$。

同理得 $|TP|\cdot|TQ|=\left(k_2^2+1\right)\dfrac{t^2+12}{k_2^2-16}$。

由 $|TA|\cdot|TB|=|TP|\cdot|TQ|$，得 $k_1^2=k_2^2$。

由 $k_1\neq k_1$，$\therefore k_1+k_2=0$。

即直线 AB 的斜率与直线 PQ 的斜率之和为 0。

到这儿，题目便解答完毕了。

这道题的解答精髓在于，我们只需按照题目呈现条件的顺序，将这些条件逐一转化为数学语言，答案于最后"喷薄而出"。

由此可见，高中数学题的解题核心在于：掌握基础知识，精准地将题干中的每句话翻译为数学语言；计算过程既要仔细，也要辅以勇气；有时我们还要辅以某些特定数学思想，如方程思想、化归思想等。

最后，除了两个原则与一个方法，我还有一个妙招想分享给各位读者：尝试着崇拜自己的数学老师，学会欣赏黑板上留下的每一个数学字符的美感；在脑海中想象自己在黑板上流畅潇洒地解题的场景。这会给我们积极

的心理暗示，让我们在攻克数学这一大难关的过程中不那么煎熬。

其实，数学没有我们想象的那么可怕。人和人的数学天赋确实有差距，但起码对于高中阶段的学习而言，这样的差距并非不能用努力来弥补。

天赋不足，弥补的方式有很多种。那么，你做好准备了吗？

1.4 挣扎 | 理化的困斗兽与在不及格中挣扎

我在数学上打了持续几个月的"攻坚战",终于迎来了一丝曙光。但是我的物理学习便没有那么顺利了。

1.4.1 我曾那样"慌不择路"

我满怀决心和信心进入了这所高中,信誓旦旦地许诺要为3年后自己的去向奋斗,我自认为做了很充分的准备甚至提前自学了一部分必修一的课程。可是当我真正进入高中课堂,数理化第一周的课程就让我一头雾水,每天的作业堆积如山,我绞尽脑汁也不知该怎么下手……

向来自信的我,在这样的困境中整天找学霸的学习方法。学习效率向来居高不下的我,应对九门学科焦头烂额,应对三大困难学科——数理化——力不从心,我不知道要怎么分配时间,不知道要怎么记笔记。

我本以为适应节奏后,第二周就会好起来。可是第二周我的学习和生活依旧"兵荒马乱"。每一门学科的学习进度都在向前飞驰,我没有彻底弄懂的知识也逐步堆积,各科老师布置的作业越来越多,压得我感觉喘不过气来。

数理化课上,有的同学对答如流甚至走在老师思路的前方,可是我却总在课程开始的前5分钟内的某个位置"卡住"。

我安慰自己:没有关系,身边同学也会有像我这样的"困窘"。

我尝试着坚持像语文老师所说的那样,利用每天课间时间,刷基础选择题。她说,得选择题者得天下。

我尝试着坚持像英语老师所说的那样,每天保持至少两篇文章的阅读量,做阅读题后查阅并积累不懂的单词。

我利用起很多以前用于休闲的时间，于是，只知道玩的我周末开始疯狂地学习。身边所有的同学都那么努力，我也不能有丝毫的懈怠。

第四周就要迎来第一次月考了，于是在第三周，我进行了复习规划，我发誓一定要在这次考试中崭露头角，一定要向新同学、新老师和亲友证明自己。我开始狂乱地刷题，即便我不知道做那些题目有没有用。

第四周，第一次月考来了。

考语文的时候，我感觉自己答题有理有据，对自己的作文也颇为满意，认为可以得高分；考数学的时候，有些选择题让我纠结，但我相信自己的"考运"；考英语的时候，虽然有很多选择题我不确定答案，但是交卷子的时候我也深感良好；考物理的时候，不定项选择题吓住了我，可我还是把整份答题卡写得满满当当……总之，我认为自己的名次不会太差。

第五周，讲评试卷。

语文老师读了两篇她批阅的作文范文，其中一篇文采飞扬，我自然比不上；另一篇作文里出现的哲学论据我根本没有听说过，我意识到自己课外知识匮乏，感到相形见绌。

我的数学卷子上错了很多原本自己有信心做对的题目；英语完形填空错了一半以上，满分25分的英语作文才得了17分；物理卷子上的选择题错了一大片，更打击我的是，那些对我而言很难的题目竟然有很多同学不以为意，能够"秒杀"。

总之，我的总分低得可怜，排名在年级100多名——比惨烈的摸底考试好多了，但与梦想院校的距离还很远。我之前狂乱地刷的题目没有在考试中发挥任何作用。

我不想面对这个事实。

是的，我遇挫了，而且被打击得"体无完肤"。

我的梦想要求我挺进年级前20名，班级前5名。可是，经过整整一个月，我已深知自己跟学霸的差距，要追赶上去非常困难。

我不知该何去何从。

1.4.2 我学会了适应节奏

不，我不能放弃。我就只有那一个梦想了。

我任凭自己放纵了3天——仅仅3天用于颓丧。3天之后，我还要坚持下去，我不能抛弃归零心态。

分析考卷后我发现，自己的语文作文的确比不过那两篇范文，于是我从那两种风格中选择了比较容易突破的那种去模仿学习，我需要充分调用各种论据让文章更具说服力。也是从这个时候开始，我了解了很多名家，看了很多精彩故事，阅读了很多拓宽自己视野的课外书。

我的英语作文虽然取得过23分，但不够稳定，因此除了每天完成两篇英语阅读，我还踏实地背单词、背例句。

我对数学原理的理解不够透彻，因此我更加不敢放松数学学习，踏踏实实地理解课堂上老师讲解的每一道例题、每一种方法——即使当堂课难以消化也绝对不会留到第二天。

我的物理成绩严重落后，因此我更加细致地学习物理。虽然物理的受力分析还是让人"拔剑四顾心茫然"，我做起难题来仍然灰心丧气，但是我从来不允许自己落下。

第八周，我迎来了第二次月考。

我不再像之前一样在复习前盲目地刷题了，取而代之的是认真地复习课堂上老师所讲授的内容，认真地把课堂上的例题又整理了一遍。

我准备了一些作文论据素材，思考了一下它们在不同主题中的切换运用方法；还准备了一些高级的英语词汇和句型。

考前我反复提醒自己：要细心，能做对的绝对不能出错；有"舍"才有"得"，自己能力范围之外的题目不要去"硬拼"。

第二次月考中，我的语文作文有了长进，我收获了成就感，也看到了希望，更有动力坚持了。

我的数学成绩也有所提高，位居班级前15名。我知道自己的能力还不足以解决最后两道大题，但我尽自己所能写了一些步骤，意外地得了几分；而会做的题目我都做对了。

我的英语成绩也有了起色，作文只被扣了一分。因为持续对高级词汇和高级句型的模仿研究，我的作文被当成了范文在班级中传阅。

物理方面虽然我还有很多题不懂，但是进入了班级前20名。

因为坚持，因为对每一个考点的突破，我的化学也取得了很好的成绩。

第二次月考结束，我进步到了年级60余名——离前20名的目标很近了。虽然班主任和我爸爸都夸了我，但我还是有些沮丧，我迫不及待地想进入前20名，迫不及待地想证明：我可以考上清华。

1.4.3 "打组合拳"，挺进年级前40名

我再次分析还有哪门学科的哪类知识点可以提高。

我发现自己的文言文相比其他同学失分过多，于是我更加认真地学习理解课文中每个字词的意思，更加认真地听语文老师对文言文句式的解释。没有天赋没关系，没有迅速获得进步反馈也没关系，距离高考还有两年半

的时间,跬鳌千里嘛!

我的英语完形填空和阅读理解总是错一大片,很多词汇表达与长难句我都看不懂,但是每天完成两篇阅读理解我依旧坚持——看解析、查单词,每天多认识10个单词,日积月累,词汇量会渐渐提高。

我的数学、物理总有很多内容无法在课堂讲解过程中消化,因此我便认真记好课堂笔记,不让没听懂的知识"存活"到第二天。我反复提醒自己:一旦稍稍松懈,一旦拖欠,我便会落入"积重难返"、有可能会自暴自弃的窘境。

与此同时,我也从前两次月考中积累了一个经验。

我把各科成绩与一位排名更靠前的室友对比,发现我的语、数、英、理、化、生成绩不算差,但政、史、地的成绩却比她低了20多分。的确,在理科实验班里,打算选择文科的同学寥寥无几,重视政、史、地的学习的同学就更少了。

但我需要信心,需要更高的排名。起码对那时的我而言,学习政、史、地比学习理、化轻松多了。我需要维护那微小的成就感,让它支撑我走下去,支撑我过完高中三年,支撑我实现自己的梦想。

因此,我便重视起这三门学科。起码在高一阶段,它们会被算入总分。

因为初中时打下的基础较为扎实,而且高一时期这三门学科的考试题目偏简单,所以重拾这三门学科对我而言不算太难。我把之前完全空白的配套资料刷了一遍,很快就取得了立竿见影的效果。

在高一第二学期的第一次月考里,在我的物理成绩并没有取得根本性突破,甚至在因为学习难度的增大而略微倒退的情况下,我挺进了年级前40名。

我知道，如果剔除政、史、地的分数，我在理科同学中的排名还会后退。但就像小孩子需要蜜糖安慰一样，除了长远的信念，我也需要短期的及时反馈，才能更好地坚持下去——这或许就是人性。

所以，对于当时还坚定地选择理科的我而言，年级前40名虽然在某种程度上是一种"迷幻"的安慰，但我会因此开心一下，也会因为这种成就感而更有继续在物理上"厮杀"的动力。

后来我发现，这样的做法和另一位最终考上清华的同学不谋而合，他把这称为打"组合拳"。

高一是我们由初中向高中过渡的重要阶段。初入高中我们会发现，无论是学习模式还是课程难度，都比初中高了好几个台阶。当我们的成绩、排名、学习效果与自己的预期相去甚远时，当竞争强度增大时，我们的自信心就会受挫。

而自信心受挫会有以下几种可能的导向。

最好的情况是，自信心受挫——继续前行——收获满意的结果。

一般的情况是，自信心受挫——继续前行——虽然不够满意，但仍收获了不差的结果。

最差的情况是，自信心受挫——坚持一段时间后寥有收效——自暴自弃、自我放逐。

为了避免最差的情况发生，我们可以选择打"组合拳"。

何谓"组合拳"呢？简单来说，即在校期间发挥自己的优势科目，迅速获得更高的成绩与排名，稳住学习信心与热情；假期集中弥补自己的短板。

首先要发挥优势科目。拿我自己来说，因为理科实验班的同学对政、史、地三门学科投入的精力和时间不多，所以我往往能靠在这三门学科上的额外投入获得更高的成绩。于是我选择继续发挥文综的优势，以此"混得"更好的排名，激励自己坚持下去。

不过，在这个过程中，还有一个要点值得我们注意：对于暂时处于劣势的科目，由于时间和精力有限，我们无法很好地照顾到它，但至少得保证它不掉队。何谓不掉队呢？即每节课的基础要学牢，课后习题要跟紧，不让它的成绩一直滑落；即使差，至少也要让它平稳，稳中微进，不能再跌。

除此之外，我们还需要做的事情就是用假期的时间弥补劣势——用寒暑假的几十天时间复盘过去一整个学期落下的劣势科目的知识，时间其实是充足的。

是的，高中很苦。在学校的日子总是很漫长，我一直渴望周末到来，渴望喘一口气。我甚至害怕学校，可是，那个挺进年级前 20 名的梦想，让我不能松懈。

即便前途未知，我们也只能像希腊神话中的西西弗斯一样，日复一日坚持推动巨石上山——只有这样，我们才不会在高中结束时因为"我本可以努力弥补"而悔恨。

第2章

方向选择与迎来曙光

2.1 抉择 | 用两个月的时间从零学起

2.1.1 抉择，从"0"开始学政、史、地

为了自尊，也为了我的"白月光"大学，我那不高的学习天赋让我不得不肩负着沉重的担子前行。

假期要用于弥补数、理、化的短板，因此周末我不再能尽情地愉悦身心：除了可以多睡几个小时，我仍要像在学校一样时刻保持紧张，面对考点密布、让人眼花缭乱的数理题目。这样连轴转的日子还要持续两年多。

一节地理课上，阳光透过贴着蓝色隔热膜的窗户轻轻落在书页上，全班同学被地理老师的"冷笑话"逗得大笑，读文科的念头在我的脑海中闪现——这是一条我之前从未想过的道路。

既然在打"组合拳"的过程中，我可以做到从零开始拾起政、史、地，可以在数学上取得一定的进步、在物理上匍匐前行，那我为什么不可以尝试选择文科呢？

读文科的念头自此在我心中生根发芽，那时距离我们做出分科抉择还有两个月的时间。就在那一周，我跟父母沟通并权衡之后，坚定了读文科的决定。

虽然在打"组合拳"的过程中我曾为了应付月考而学习政、史、地，但我知道，要成为优秀的文科生，我掌握的知识层次还不够。而两个月后的文科实验班分班考试会按照高考标准进行，我只能真正意义上从"0"学起政、史、地这三门学科。

所以，我便开启了自学规划。

2.1.2 自学攻略之如何有效读课本与梳理知识？

自学这三门学科，只有传统、经典的路可走：先通读课本、梳理基础

知识,再做同步练习,最后刷套卷。

那么,如何读课本、如何梳理基础知识才是比较有效的呢?我以读历史课本为例分享一下我当时的做法。实质上,政、史、地不分家,以下方法既可以被迁移至政治与地理学科,也可以被迁移至阅读大学阶段的学术专著的过程中。

通读课本的第一步:浏览目录。

浏览目录是为了对整本书的知识分布有一个概念性了解。一本书包含的知识点过于密集,但我们可以借助目录进行高效梳理,然后将目录摘取出来做一个思维导图。

那么,看目录需要留意哪些信息呢?

以人教版的高中历史教材的选择性必修一《国家制度与社会治理》为例(图2-1截取自教材电子版),通过目录我们已经可以看出高考的考点。

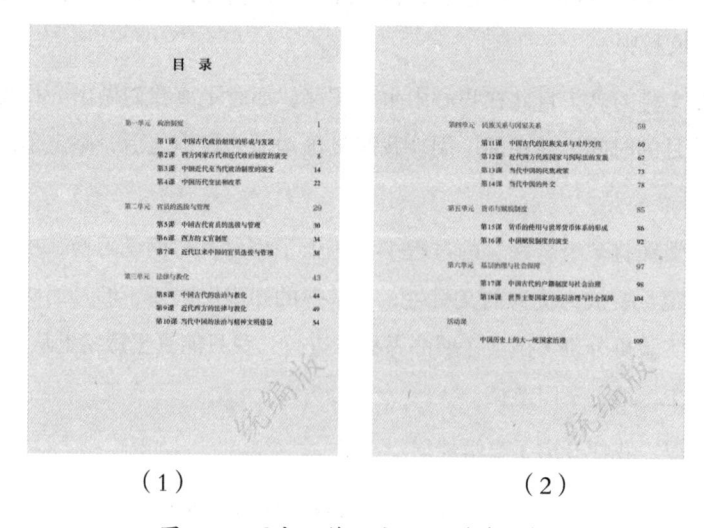

图2-1 历史必修—电子版(截取)

本书主讲国家制度与社会治理,说白了就是古今中外的各项政府政策、制度等。而我们要掌握的是，古今中外基本政治制度的演变历程、选官制度的演变历程、法治与法律的演变历程、民族外交的演变历程、货币赋税制度的演变历程、基层管理与社会保障制度的演变历程等。

通过目录我们就能构建属于自己的思维导图（见图2-2），利用逐层发散的思维导图辅助阅读，做到一次性掌握课本基础知识。

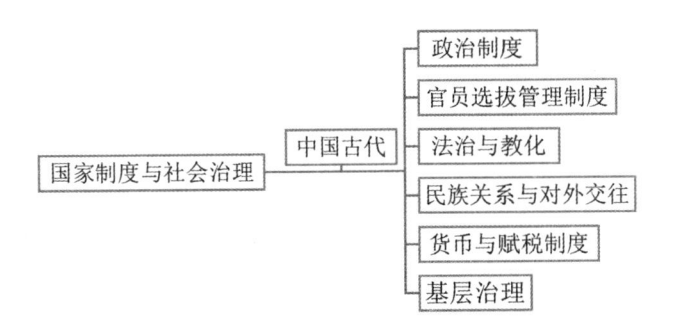

```
                        ┌─ 政治制度
                        ├─ 官员选拔管理制度
国家制度与社会治理 ── 中国古代 ├─ 法治与教化
                        ├─ 民族关系与对外交往
                        ├─ 货币与赋税制度
                        └─ 基层治理
```

图2-2 思维导图

另外，在日后复习过程中，我们还能通过目录中的简短条目"叩问"自己。例如，看到"中国古代政治制度的形成与发展"时能想到哪些关键的知识点？中国古代政治制度发展历程有哪些重要阶段？

简言之，读书之前先读目录，我们就可以迅速掌握知识架构，掌握书籍的设计与排布逻辑。进一步我们就可以运用该逻辑更高效地掌握书籍正文的知识内容。

通读课本的第二步：阅读课时中的小标题。

阅读课时中的具体内容实际上也是有技巧的。一般每个课时的正文内容都会划分出若干个小标题。与阅读目录掌握整本书的知识逻辑同理，先阅读小标题也能迅速掌握相应课时的知识排布逻辑。

我们以上述教材中的"第1课 中国古代政治制度的形成与发展"（见

图 2-3 和图 2-4）为例进行讲解。

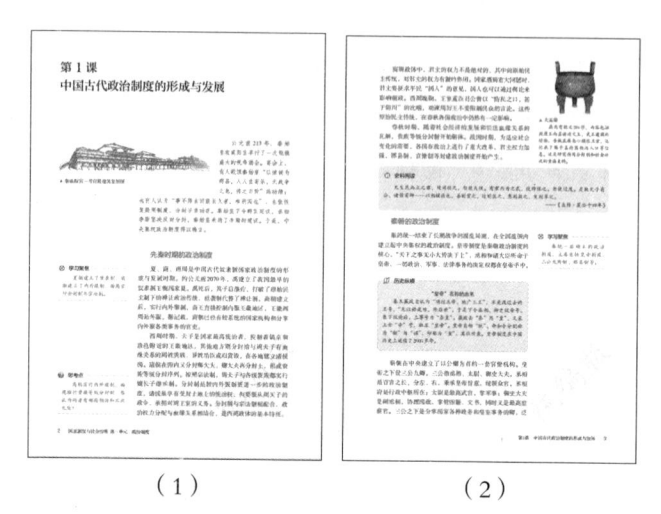

（1） （2）

图2-3　第1课1

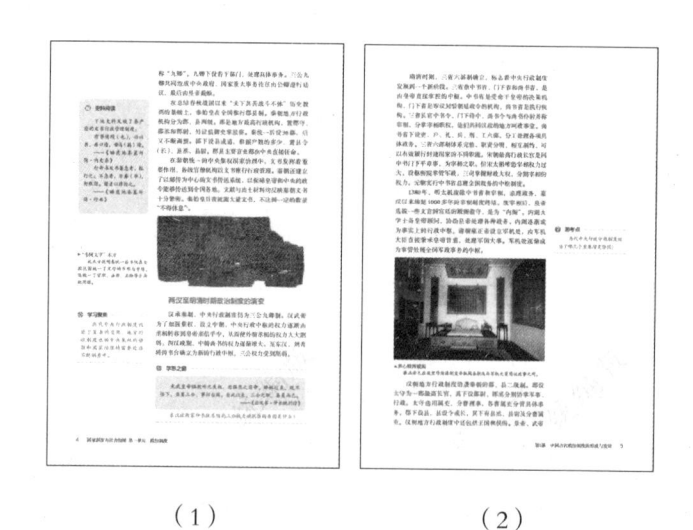

（1） （2）

图2-4　第1课2

通过 3 个小标题"先秦时期的政治制度""秦朝的政治制度""两汉至明清时期政治制度的演变",我们便可以结合教材编写者的"暗示",思考这样分类的原因。

先秦时期的主要政治制度为奴隶制,在秦始皇完成大一统后,我们便步入了专制主义中央集权时代,直至鸦片战争将我们推向近代化进程。由此我们便理解了,我们要掌握的本质是 3 个阶段的政治制度:奴隶制,秦代开创的专制主义中央集权制,两汉至明清时期的"专制主义中央集权制"的演变历程。

在阅读目录、小标题的过程中,我们可以辅以这样的思考:为什么知识是这样分类的?掌握知识布局的逻辑,有利于我们真正地理解知识,以理解取代机械性的背诵。

通读课本的第三步:按照顺序阅读每个小标题下方的正文内容。

在这个过程中,我们可以先像读小说一样通读正文,再回过头来精读。精读的过程中将知识的逻辑理解清楚,再结合思维导图梳理、做笔记。接下来我们以"两汉至明清时期政治制度的演变"为例进行讲解。

通读这一部分内容后我们会发现正文的逻辑为,先把从汉至清的中央行政制度梳理一遍,再把从汉至清的地方行政制度梳理一遍。由此我们便从课本中得知,对于两汉至明清时期政治制度的演变,还需要掌握两大类内容:中央行政制度与地方行政制度。

接下来我们仔细阅读"中央行政制度"部分的内容。在阅读的过程中,一边对重点知识进行标注,一边在原有基础上不断把思维导图发散完善。

（1） （2）

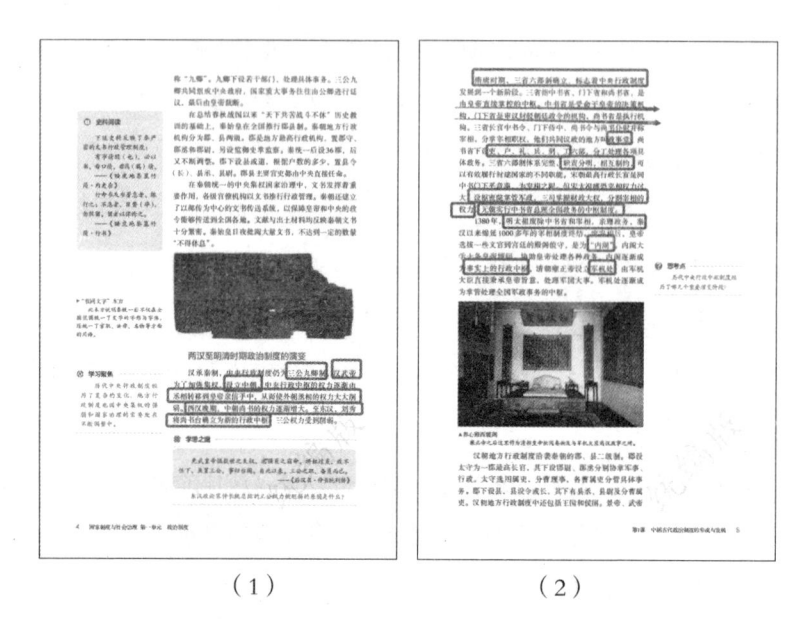

图2-5 标注重点

同样，我们可以在理解清楚相关概念后，将关键的演变过程呈现于思维导图中，以此在脑海中形成完整的思维逻辑网络。思维导图梳理如图2-6所示。

图2-6 思维导图

那么，学习到什么程度才算做到了"理解清楚相关概念"呢？

比如，我们阅读至汉代中央行政制度部分时，了解到汉武帝时期设立中朝，我们并不需要机械地把这个要点背下来，而是要真正地理解中朝是什么、为什么要设立中朝、设立中朝为什么能够大大削弱丞相的权力等。

我们需要围绕每一个概念、名词问自己"What""Why""How",还需要完全理解"What""Why""How"。对于历史学科,更需要在此基础上思考该事件与前后历史事件的关联,也就是历史事件间的"纵向关联"。

相信我,遵循这样的阅读方法精读社会科学类书籍,我们无须刻意背诵,知识就会在我们脑海中形成深刻记忆。考试前我们也可以结合读书过程中构建的知识逻辑思维导图进行"快、准、狠"的复习。

2.1.3 自学攻略之如何有效进行刷题训练?

如前文所述,我们自学的经典路径为,先通读课本、梳理基础知识,再做同步练习,最后"刷"套卷。

分享完读课本的方法后,我们再来谈谈"刷"题——也就是如何做同步练习与套卷。

完成"读目录、读小标题——读正文——理解细节知识、梳理逻辑"后,我们基本可以掌握80%的基础知识。不过,我们都追求学以致用,从"学"到"用"还需要进行一定的练习。所以,在恶补政、史、地这三门学科的过程中,每通过上述方式精读完1个课时的课本,我便会于当天做同步练习,以巩固、加深理解,尽快实现学以致用的目标。

在做同步练习的过程中,我们自然需要借助市面上流通的辅导书、资料书。在这一点上存在一个普遍现象:学霸推荐了这本书,就赶紧购买,直至购买的辅导书多到无从下手。这种疯狂买入却不实践的行为,只会在买入的那一刻给我们一种充实感,很快这种心理安慰就会逐渐因为堆砌、浪费、拖延而变为负罪感。

因此,我的策略是,选定一本口碑较好的辅导书,一条路走到黑,即一本书从头到尾做完。

比如，我买了一本必修一的同步练习辅导书，就心无旁骛地在每精读完一个课时后从头到尾把每道题仔细做一遍。

遇到不懂的题目怎么办呢？

我的习惯是遵循"5分钟定律"：先自主思考，若思考5分钟还是毫无头绪就放弃"硬扛"，向答案解析或老师求助。在向答案解析求助的过程中还有一个要点，那便是仅模糊地看答案（也就是不逐行研究答案），在大体了解答案的思路后，再自行作答，这也是对自己思考能力、思维能力一种强有力的锻炼方式。

那么，遇到错题怎么办呢？

我个人觉得，传统的摘抄错题、整理错题的形式比较浪费时间。很多情况下，花大半天的时间抄错题、剪贴错题只是形式主义，一般我们没有富余的时间从头回顾。

我采取的方法是对错题进行分类。

做错题目的原因之一是有知识盲区或熟练度不够。对于知识盲区，我们做笔记的重点应该是知识本身，而非哪道具体的题目。理解知识后，我们可以在知识点旁边用写"正"字的形式标记错误次数，以标记复习的优先级。对于相应的错题，我们可以摒弃誊抄错题的传统方式，毕竟机械式地誊抄带来的结果往往是思考的缺失。不妨直接在错题旁粘贴荧光标记，并记录错误时间，每周末回顾、重做一遍。这样即节约了抄错题的时间，也能够检验我们是否真正掌握了错题的原理。

做错题目的原因之二是粗心。对于自己熟练掌握相关知识点却没有做对的题，我的习惯是记录自己粗心的原因：看漏条件、看错数据、算错……并在这些原因旁边写"正"字——粗心的次数达到一定程度，自然就"刻骨铭心"了。

在精读课本基础知识的基础上，经历这个环节后，就可以将基础知识与扩展知识都掌握八成以上。

当然，在同步练习之外，每学习完一个单元，对该单元的知识进行自测也是一个重要的查漏补缺环节。

2.1.4 有效付出与收获总会成正比

通过梳理知识、练习，在分班测试中我的政、史、地成绩毫无疑问地排在班级前几名。

同时，在数学成绩的加持下，我读文科的想法也得到了班主任的支持。班主任对我说，转到文科后目标就要定得高一点，要向全省前 10 名看齐。

我备受鼓舞，因为这样的期望也说明了老师对我的肯定。

更出乎我意料的是，我的分班考试成绩跃居年级第 1 名。我的骄傲与底气就这样回归了。而在这样的激励下，人也往往会进入正循环：

有效付出——获得回报——更有动力继续努力——持续获得回报。

不过，我只走完了高中三分之一的路程，未来还要面对疾风劲雨般的挑战。

2.2 前行 | 突破弱点与正视语文学习

曾经享受过登顶的快乐的人，自然渴望一直站在峰顶——那是极大的诱惑。我太渴望连续第一了，毕竟偶尔第一证明不了什么。

升入高二后整整一个学期，我再也没有享受过那样的"快乐"。高二第一学期第二次月考获得的第 2 名也愈加"刺激"了我：我深刻地记得，我与第 1 名的总分差距达到了 10 分，其中我的语文成绩就比对方低了整整 20 分。

反思历次考试中的遗憾后，我发现我的语文成绩成了拖总分"后腿"的严重因素。在文科实验班的强烈竞争中，我的语文成绩比班级平均分还要低。不过幸运的是，高一时便打下坚实基础的数学与政、史、地还是为我带来了不错的总成绩———一般在年级前 5 名徘徊。

但好胜心告诉我这还不够，于是我开始恶补语文。最终，我的高考语文获得了 133 分——一个我自己还算满意并且欣慰的成绩。在此分享一下我在突破语文成绩的过程中的一些小小心得。

2.2.1 正视语文

长期以来，我一直将语文视作纯粹看考运的学科，我一直认为语文考卷中出现的那些原作者都答不了满分的阅读题太过荒诞。抱着这样的偏见，我并没有认真听过语文课，除了对正面描写、侧面描写、比喻等基础文学鉴赏理论有所了解外，我对描写手法等系统性文学鉴赏知识可谓一窍不通。

读大学之后我才渐渐发现，自己曾经对语文这一学科的偏见有多荒唐。实际上语文课本上的文章排布"暗藏玄机"，从现代诗歌到古文，从科普说明文到文学作品节选等，有些文章为我们进一步阅读文学著作提供基础，有些文章为我们未来阅读专业著作提供基础。正视中学语文，提高阅读能力，对我们未来读专业著作是有极大帮助的。此外，为学习高考议论文而练就的写作本领也是终身受益的——譬如，我现在能较为清晰地把自己高中的学习历程写出来，很大程度上要归功于高中阶段的写作练习。

时至今日，我已真正地意识到，提升语文成绩，首先得正视语文这一学科。无论是语文占 150 分，还是学习语文可以提高我们的阅读能力、表达能力与文学素养，都是我们要正视语文的理由。

2.2.2 提高阅读能力

提高阅读能力的底层要素是理解文本内容，梳理文本逻辑。本质上，本小节所介绍的方法与 2.1.2 节中谈及的"自学攻略之如何有效读课本与梳理知识"大体是一样的。不一样的是，语文文本大多数情况下没有现成的小标题，我们需要自己归纳与概括。

接下来以一篇文学类文本为例，浅谈如何通过归纳与概括，从底层读懂文本、梳理文脉。

高中时期我读过的印象较为深刻的文学类文本是林徽因的《窗子以外》。为方便详谈如何归纳与概括，在后文中贴出了原文节选。

第一步：快速通读全文，形成大致印象。

第二步：从头精读，结合自己的理解概括自然段大意。

第三步：在上一步的基础上厘清作者的行文逻辑，厘清逻辑后，文章所传递的信息、价值观等我们便可以掌握个大概了。

对于第二步的操作，我以"（ ）"的形式在原文各段落末尾做直接说明。

话从哪里说起？等到你要说话，什么话都是那样渺茫地找不到个源头。（"闲谈"引入。）

此刻，就在我眼帘底下坐着是四个乡下人的背影：一个头上包着黧黑的白布，两个褪色的蓝布，又一个光头。他们支起膝盖，半蹲半坐的，在溪沿的短墙上休息。每人手里一件简单的东西：一个是白木棒，一个篮子，那两个在树荫底下我看不清楚。无疑地他们已经走了许多路，再过一刻，抽完一筒旱烟以后，是还要走许多路的。兰花烟的香味频频随着微风，袭到我官觉上来，模糊中还有几段山西梆子的声调，虽然他们坐的地方是在我廊子的铁纱窗以外。（看到了铁纱窗外的四个乡下人。）

铁纱窗以外，话可不就在这里了。永远是窗子以外，不是铁纱窗就是玻璃窗，总而言之，窗子以外！（我们永远与外界隔离于各式窗子以外。）

所有的活动的颜色声音，生的滋味，全在那里的，你并不是不能看到，只不过是永远地在你窗子以外罢了。多少百里的平原土地，多少区域的起伏的山峦，昨天由窗子外映进你的眼帘，那是多少生命日夜在活动着的所在；每一根青的什么麦黍，都有人流过汗；每一粒黄的什么米粟，都有人吃去；其间还有的是周折，是热闹，是紧张！可是你则并不一定能看见，因为那所有的周折，热闹，紧张，全都在你窗子以外展演着。（外界的生命、活动、悲欢离合在窗子以外展演。）

在家里罢，你坐在书房里，窗子以外的景物本就有限。那里两树马缨，几棵丁香；榆叶梅横出风的一大枝；海棠因为缺乏阳光，每年只开个两三朵——叶子上满是虫蚁吃的创痕，还卷着一点焦黄的边；廊子幽秀地开着扇子式，六边形的格子窗，透过外院的日光，外院的杂音。什么送煤的来了，偶然你看到一个两个被煤炭染成黔黑的脸；什么米送到了，一个人掮着一大口袋在背上，慢慢踱过屏门；还有自来水、电灯、电话公司来收账的，胸口斜挂着皮口袋，手里推着一辆自行车；更有时厨子来个朋友了，满脸的笑容，"好呀，好呀"地走进门房；什么赵妈的丈夫来拿钱了，那是每月一号一点都不差的，早来了你就听到两个人嘟嘟哝哝争吵的声浪。那里不是没有颜色，声音，生的一切活动，只是他们和你总隔个窗子——扇子式的，六边形的，纱的，玻璃的！（家与外界隔了一层窗。）

你气闷了把笔一搁说，这叫作什么生活！你站起来，穿上不能算太贵的鞋袜，但这双鞋和袜的价钱也就比——想它做什么，反正有人每月的工资，一定只有这价钱的一半乃至于更少。你出去雇洋车了，拉车的嘴里讨的价钱当然是要比例价高得多，难道你就傻子似的答应下来？不，不，三十二子，拉就拉，不拉，拉倒！心里也明白，如果真要充内行，你就该说，二十六子，拉就拉——但是你好意思争！（谈及人与人的收入差距，走出家门。）

车开始辗动了，世界仍然在你窗子以外。长长的一条胡同，一个个大门紧紧地关着。就是有开的，那也只是露出一角，隐约可以看到里面有南瓜棚子，底下一个女的，坐在小凳上缝缝做做的；另一个，抓住还不能走路的小孩子，伸出头来喊那过路卖白菜的。至于白菜是多少钱一斤，那你是听不见了，车子早已拉得老远，并且你也无须乎知道的。在你每月费用之中，伙食是一定占去若干的。在那一笔伙食费里，白菜又是多么小的一个数。难道你知道了门口卖的白菜多少钱一斤，你真把你哭丧着脸的厨子叫来申斥一顿，告诉他每一斤白菜他多开了你一个"大子儿"？（即使走出家门了，世界还在"窗子以外"。不难理解，这里的"窗子"变成了一种符号，象征着一种阻隔。）

车越走越远了，前面正碰着粪车，立刻你拿出手绢来，皱着眉，把鼻子蒙得紧紧地，心里不知怨谁好。怨天做的事太古怪；好好的美丽的稻麦却需要粪来浇！怨乡下人太不怕臭，不怕脏，发明那么两个篮子，放在鼻前手车上，推着慢慢走！你怨市里行政人员不认真办事，如此脏臭不卫生的旧习不能改良，十余年来对这粪车难道真无办法？为着强烈的臭气隔着你窗子还不够远，因此你想到社会卫生事业如何还办不好。（因粪车埋怨外人——这体现了不具有"同理心"。读到这里，我们不免思考：这与"窗子以外"有什么联系？实质上，承接上一段，"窗子"是阻隔的象征，正因为人与人之间同理心的缺失，我们才埋怨社会上种种不如意的现象。）

路渐渐好起来，前面墙高高的是个大衙门。这里你简直不止隔个窗子，这一带高高的墙是不通风的。你不懂里面有多少办事员，办的都是什么事；多少浓眉大眼的，对着乡下人做买卖的吆喝诈取；多少个又是脸黄黄的可怜虫，混半碗饭分给一家子吃。自欺欺人，里面天天演的到底是什么把戏？但是如果里面真有两三个人拼了命在那里奋斗，为许多人争一点便利和公道，你也无从知道！（窗子与墙本质上是一回事，阻隔了人与人之间的相互了解。）

到了热闹的大街了，你仍然像在特别包厢里看戏一样，本身不曾也不必参加那出戏；倚在栏杆上，你在审美的领略，你有的是一片闲暇。但是如果这里洋车夫问你在哪里下来，你会吃一惊，仓卒不知所答。生活所最必需的你并不缺乏什么，你这出来就也是不必需的活动。（即便身处闹市，也只是怀着"看戏"心态，本质还是在写人与人之间的阻隔。）

你诅咒着城市生活，不自然的城市生活！检点行装说，走了，走了，这沉闷没有生气的生活，实在受不了，我要换个样子过活去。健康的旅行既可以看看山水古刹的名胜，又可以知道点内地纯朴的人情风俗。走了，走了，天气还不算太坏，就是走他一个月六礼拜也是值得的。（逃离城市，到别的地方去。）

没想到不管你走到哪里，你永远免不了坐在窗子以内的。不错，许多时髦的学者常常骄傲地带上"考察"的神气，架上科学的眼镜偶然走到哪里一个陌生的地方瞭望，但那无形中的窗子是仍然存在的。不信，你检查他们的行李，有谁不带着罐头食品，帆布床，以及别的证明你还在你窗子以内的种种零星用品，你再摸一摸他们的皮包，那里短不了有些钞票；一到一个地方，你有的是一个提梁的小小世界。不管你的窗子朝向哪里望，所看到的多半则仍是在你窗子以外，隔层玻璃，或是铁纱！隐隐约约你看到一些颜色，听到一些声音。如果你私下满足了，那也没有什么，只是千万别高兴起说什么接触了，认识了若干事物人情，天知道那是罪过！洋鬼子们的一些浅薄，千万学不得。（无论身处何方，永远与外面的世界隔着一层"窗子"。读到这里便会恍然大悟：窗子是有形的，更是无形的人心隔膜。）

你是仍然坐在窗子以内的，不是火车的窗子，汽车的窗子，就是客栈逆旅的窗子，再不然就是你自己无形中习惯的窗子，把你搁在里面。接触和认识实在谈不到，得天独厚的闲暇生活先不容你。一样是旅行，如果你背上掮的不是照相机而是一点做买卖的小血本，你就需要全副的精神来走路：你得留神投宿的地方；你得计算一路上每吃一次烧饼和几颗莎果的钱；遇着同行战战兢兢地打招呼，互相捧出诚意，遇着困难时好互相关照帮忙；到了一个地方你是真带着整个血肉的身体到处碰运气，紧张的境遇不容你不奋斗，不与其他奋斗的血和肉的接触，直到经验使得你认识。

隔着一个窗子你还想明白多少事？昨天雇来吕姓倒水，今天又学洋鬼子东逛西逛，跑到下面养有鸡羊、上面挂有武魁匾额的人家，让他们用你不懂得的乡音招呼你吃茶，炕上坐，坐了半天出到门口，和那送客的女人周旋客气了一回，才恍然大悟，她就是替你倒脏水洗衣裳的吕姓王孙的妈，前晚上还送饼到你家来过！

这里你迷糊了。算了算了！你简直老老实实地坐在你窗子里得了，窗子以外的事，你看了多少也是枉然，大半你是不明白，也不会明白的。（最后几段总结了"无形"窗子的概念。）

通过逐段梳理，概括出自然段大意，我们便会发现这篇看似晦涩难懂的散文，实质上蕴含着浅显的行文逻辑：从家里的窗子阻隔人与外界互动，再到于闹市上、外地旅行中才发现阻隔人与外界互动的不是物理上的"窗子"，而是心灵的"窗子"。"窗子"便成了阻隔人心的一种象征。

真正意义上读懂文本、品读作者的深层含义，才是我们做阅读理解题的基础。

当然，对于阅读理解，除了结合自己的语文常识，归纳自然段内容、梳理文脉、梳理行文逻辑，我们不可避免地需要借助一些文学鉴赏工具，对文本进行细节分析，包括描写手法、抒情手法、修辞手法等，譬如，关于修辞手法，我们需要理解拟人和借代的区别，需要理解何为"起兴"。

这些文学鉴赏工具大多是概念性的学习，理解后我们便能运用。这些文学鉴赏工具理论在各大教辅书上都有详细说明，在此就不赘述了。

2.2.3 提高写作能力

阅读与写作不分家。如果能真正全身心享受阅读本身，那么我们从阅读中收获的启发一定是能够极大提高我们的写作能力的。而且用心阅读的话，我们可以从名家作品中学到诸多精妙的写作思路。

就拿阅读《窗子以外》来说，通过精读我为原文由"有形的窗子"升华至"无形的窗子"这种写法折服，于是我模仿这样的升华方法写作，在议论文中由物理意义的分析升华至深层含义的分析。

那篇作文在考试中获得了高分，不过由于时间久远，我当时写的高分议论文已经找不到了。好在我曾经引导过一个参加 2022 年高考的学习用该方法写了一篇议论文，此处正好做个分享。

作文题目如下。

有一位电影导演拍摄了一部短片,内容是城市风光。非洲某部落的土著看了之后,却只关注画面角落中的一只鸡。因为在短片中,他们只认识那只鸡。

这个故事可以让我们审视自己是如何认识事物的。请写一篇文章,谈谈你的认识和思考。

模仿写作如下。

玻璃边界之外

作者:楚睿芝(2022年高中毕业,就读于北京师范大学)

电影导演透过非洲茫茫大漠看到了生活的恬静体验,而非洲土著透过霓虹灯看到的却是唯一熟知的家禽。他们之间仿佛隐隐隔了一堵富恩特斯笔下的玻璃外墙——那横亘于利桑德罗与奥德丽之间的有形亦无形的边界。

足下踩踏着的土地阻隔了导演与土著、利桑德罗与奥德丽,然而又何尝不是在阻隔着我们的认知呢?

诚然,有形与无形的"玻璃边界"共同塑造了认知事物的主观色彩。我们身处相异的特定渊薮之中,形成不同的认知妍媸;我们包裹在信息算法时代过滤气泡之中,加固认知偏差……凡此种种,固然符合认知规律,构筑了我们的认知底色。于是,人与人之间的悲欢多数情况下并不相通,身处城市的我们与非洲土著间隔着一道无形的墙,与大山深处渴望知识的一双双眼睛难以共情——无穷的远方,好似都与我有关,却又都与我相隔着玻璃边界。

但,可怕的是,我们心甘情愿地让自己的心灵结上蛛网,不愿跳脱个人"舒适圈"以全面认知事物。于是,这一切成了无形的驭手与推手,让我们成为信息茧房下的"井底之蛙"而不自知。更为甚者，当我们人人在认知上"退而结网"之时，它将形成一道无形的玻璃边界阻隔心灵互通。

例如，在对温热食物的期待中"结网"，我们会埋怨外卖员的姗姗来迟，却不知他们淋雨奔波的不易；在对解封自由的期待中"结网"，我们会埋怨防疫的封控措施，却不理解医护人员星夜驰援的疲惫；在国际社会的自我视野中"结网"，援助国却以己之心揣度他国需要，援助变为了沉重的负担……久而久之，这般结网构筑无形玻璃边界，成为矛盾激发的潜在因子，不利于人与人之间的共鸣互动，不利于构筑人类命运共同体。

这样的认知玻璃边界，何日方消？

知是行之始。幸运的是，当我们意识到认知上的"玻璃边界"之时，萌生出打破它的想法，而这种意识的改变本身便彰显着"破局"的高贵性。行是知之成。故打破认知隔阂，还需要表达者与认知者互位思量，不以自我意识为中心去览物、表述，"绝知此事要躬行"。而面对认知局限性，应当尽自己所能，打破利桑德罗与奥德丽之间的玻璃边界，如尼采所说"在自己身上克服这个时代"。

不妨用开放包容的心态去博观而约取，放眼大地沧海、远山长天，不汲汲于"方寸鸟笼"，不囿于当下视野。同时，我们呼唤"青山一道同风雨"的共同作用，摆脱经验的局限，营造开放的环境，激发更多的人走出认知的局限，跳到玻璃边界之外，去探索未知与远方。

我分明看见，横亘在利桑德罗与奥德丽之间的有形亦无形的边界渐渐消弭。一个非洲土著走过来——从拘泥于眼前的家禽，到发现城市蓝天下的灿烂千阳，我和你，与部落的人一起，携手走向"美美与共"的美好境界。

当然，高中阶段我们的写作文体一般是议论文。对于议论文，我们需要注重论证的逻辑，需要注重说理的说服力度，需要注重语言表达的流畅与美感——这3个层次共同决定了我们的作文得分。接下来简要分享我在这3个层次的一些写作方法。

写到这里正值2022年高考落幕。所以，我就以2022年新高考一卷的作文题为例，谈谈写作的基本方法。

2022年新高考一卷的作文题如下。

"本手""妙手""俗手"是围棋的三个术语。本手是指合乎棋理的正规下法；妙手是指出人意料的精妙下法；俗手是指貌似合理，而从全局看通常会受损的下法。对于初学者而言，应该从本手开始，本手的功夫扎实了，棋力才会提高。一些初学者热衷于追求妙手，而忽视了更为常用的本手。本手是基础，妙手是创造。一般来说，对本手理解深刻，才可能出现妙手；否则，难免下出俗手，水平也不易提升。

以上材料对我们颇具启示意义。请结合材料写一篇文章，体现你的感悟与思考。

要求：选准角度，确定立意，明确文体，自拟标题；不要套作，不得抄袭；不得泄露个人信息；不少于800字。

写作方法分析如下。

写议论文讲究说理分析，因此建议大家在落笔前，先根据"分析问题——解决问题"的架构设计行文逻辑。

此为写作第一步，耗时10分钟左右（这10分钟看似"多余"，但是有助于我们正式写作时一气呵成、逻辑顺畅）。

本文的行文逻辑设计如下。

第1段：材料引入与简要论述引题。

第 2 段：中心论点单独成段。

第 3 段：分析问题——追求妙手的情有可原之处与不合理之处。

第 4 段：分析问题——以本手为地基的重要性。

第 5 段：批判现实——好高骛远追求妙手而沦为俗手。

第 6 段：解决问题——给当今时代的我们的启示。

第 7 段：总结结尾。

接下来就可以根据以上行文逻辑从拟取标题开始写作文。值得注意的是，先拟定标题再展开正文写作有利于我们随时点题，让标题贯穿全文。

写作第二步：拟定标题，如《根系深扎破岩中，枝叶拔新领异问苍穹》。

写作第三步：开篇引论。

对于开篇，我的写作模式是将其分为 2 个自然段，第 1 个自然段"引"，第 2 个自然段正式提出中心论点。"引"的部分，由"对称句式概括材料"与"引用和论述"两大部分构成。举例如下。

向下扎根、俯首躬行，修炼"本手"之道塑就坚实地基；向上伸枝、别出心裁，苦练"妙手"以大放异彩。正如古希腊神话中的安泰俄斯，唯有脚踩坚实土地，方可做到力大无穷，"本手"与"妙手"之辩又何尝不是如此呢？于是，尼采的那句箴言就这样叩击着我们的心灵："一棵树欲向上生长而接受更多的光明，那么它的根就必须更接近黑暗的地下。"

诚哉斯言，唯以将根系深扎于破岩之中，枝叶才有拔新领异、探问苍穹的营养源泉。是的，无"本手"为胚基，又如何获"妙手"一双呢？

写作第四步：分析问题与解决问题。

根据前述行文逻辑，接下来展开对中心论点的分析。在分析问题的过程中，一般遵循"引入分论点——利用论据佐证分论点——分论点小结"的逻辑。举例如下。

诚然，枝叶当拔新领异，才有了从充斥着"黑天鹅"与"灰犀牛"的竞争"红海"中脱颖而出的可能，才不至于沦为"镁光灯的背景"、沦为"衬托着分子的分母"，此乃"妙手"之理也。拥有此般"妙手"一双，我们不断打破舒适圈，伸枝探问苍穹：我们以创造打破常规"套路"，从黑白棋子间突围、大获全胜；我们以创造突破思维定式，解决生活难题；我们以创造在人类历史长河中迈步迎接工业时代与信息时代的到来，并向人工智能时代大举进军……

但这难道能与抛弃"本手"直奔"妙手"的好高骛远视为一谈吗？非也！非也！

试想，如果缺失了深扎破岩中汲取的养分，枝叶又如何破土而出？如此，更遑论探问苍穹！"妙手"与"本手"亦如此理。如果没有"本手"作为根基，便渴望一夜之间练得"妙手"，岂非天方夜谭？正因有了厚重的生活经验与技能，我们才有了打破舒适圈的底气；正因有了"本手"练就的基本下棋技能，我们才有了创新的"妙手"；正因有了农业文明的深厚积淀，我们才有了逐步走向工业与信息时代的物质基础——方寸棋盘之间，竟蕴藏如此真理。

于是乎！"妙手"虽偶得，但其背后是"行远自迩，笃行不怠"的厚积薄发，是"高山不语，静水流深"的脚踏实地。若无韬光逐薮、含章未曜的向下扎根、深度耕犁，何以向上伸枝？

然而，我们久居于水泥森林中，日趋浮躁，耕耘于"本手"的恬淡心境被碾碎成为齑粉，速成"妙手"的渴求让我们坠入"俗手"的深渊，让原本为枝叶提供养分的新鲜空气变成了一种狞笑着的、让我们逐渐窒息的霾。安泰俄斯因未持续于泥土根基之中汲取养分而终被赫拉克勒斯扼住命运咽喉的悲剧在这个时代不断重演,我们何以破局?

我恍然大悟!平日里为追求迅速解出数学题而疯狂学习的"妙法",应当建立于对定理公理透彻理解的地基之中——方寸棋盘至理亦为解题之道,更为生活与人类社会发展之道。当我们以维尔弗雷多·帕累托的"二八法则"为指引,以"本手"为"八",构筑地基,以"妙手"为"二",打造探问苍穹大厦,发展的"多元方程"便迎刃而解。

写作第五步:得出全文结论,总结结尾。

结尾一般再次扣题,回应开篇,并寄语未来。举例如下。

如是,将根系深扎破岩中,以"本手"为横坐标,以"妙手"为纵坐标,枝叶何愁不能拔新领异问苍穹?我们又何惧安泰俄斯的悲剧重演?考试结束铃声即将响起,而我,将带着这份反思奔赴于自我征途之中,前往毛姆笔下"未知的海"……

在研究完以上写作思路后,我所做的持续性努力便是每周末积累素材,每周末完成一篇作文的写作。如此,便可拓宽知识面,保持写作手感,提升写作速度。

读到这里,你可能会好奇:要积累什么样的素材才有利于提高写作水平呢?要怎样拓宽知识面呢?对于这两个问题,我将在下一节揭晓答案。

2.3 翱翔 | 拓展式学习与阅读给我带来的一切

进入高二后，我的成绩已经能够靠高一打下的基础稳定地排在年级前5名。所以，周末我摆脱了原本的"无休"模式：我把老师布置的周末作业留到周日晚自习完成，周末在家的时间便可以做一些自己喜欢的事情，包括休闲娱乐。

不过，我当时还算是个自律的好学生，不会完全放飞自我。除了休闲娱乐，我也会在周末安排一定的时间额外"充电"，探索课堂之外的知识，譬如阅读课外书。

阅读看似与高考学科完全无关的"风花雪月"的书籍到底有没有用呢？

我可以很肯定地说，阅读"杂书"，从功利性角度而言，提升了我的阅读能力和写作能力——这无形之中提高了我的语文成绩；人文社科类书籍让我对社会运行的基本规律有了更多的了解——这也促进了我对历史、政治、地理知识的理解。

从非功利性角度而言，充实自己本身就是莫大的快乐，这样的充实感与成就感可以取代我们一整天无所事事的愧疚感与空虚感。

在此，我将分享一些让"杂书"、纪录片、电影等陶冶我们情操的同时，发挥功利性作用的方法。

2.3.1 读"杂书"，一箭多雕

我曾经读过《先知（中英对照版）》（纪伯伦著，冰心译），读书的过程可谓"一箭多雕"。

一来，读这样的书很轻松，可视作休闲娱乐；

二来，读这样的书可以做到"提升文学素养、提升写作水平、学习英语"

三不误。

例如,在该书第一章"船的来临"中有这样一段话:

他进城的时候,众人都来迎接,齐声地向他呼唤。城中的长老走上前来说:你不要离开我们。在我们的朦胧里,你是正午的潮者,你青春的气度,给我们以梦想。

And when he entered into the city all the people came to meet him, and they were crying out to him as with one voice. And the elders of the city stood forth and said: Go not yet away from us. A noontide have you been in our twilight, and your youth has given us dreams to dream.

"在我们的朦胧里,你是正午的潮者"这句话很精妙,且富有意境美感。于是我便会进行思考并模仿写作。

"潮者",是否意味着引领潮流?"正午",是否意味着光明?"朦胧",是否意味着迷茫?最终,这句话被用在我的议论文里,表达某人物引领思想、指引方向、特立独行等。

在思考清楚运用方向后,我会写点随笔,这样它就能内化为我自己的知识。我写的随笔如下。

得天独厚的开阔眼界,让我们能够站在历史的塔尖,张望更加遥远的未来;中西古今的文化交流,让我们手握丈量世界的工具,观察和理解更为复杂的人和事。站在网络舆论的风口浪尖,我们更应成为正午的潮者,理性对待、谨慎发言,方能吹散朦胧的迷雾,让"反转新闻"少一些可乘之机。

这样,它就被改编为"我们更应成为正午的潮者,……方能吹散朦胧的迷雾",被运用到"我们不能盲目从众参与网络暴力,而是要保持独立思考"主题的议论文中。

除此之外,在英文原文中,我发现了"with one voice"(异口同声)这样精妙的地道表达,便通过网络搜索同义短语,如"with one accord""in perfect/complete accord"等,这样便"顺道"积累了英语知识。

我曾经痴迷于《莎士比亚十四行诗》,尤其喜欢辜正坤先生翻译的 Sonnet 12:

  当我细数时钟报时的声响,看可怖夜色吞噬白昼光芒;

  当我看到紫罗兰香消玉殒,黝黑的卷发渐渐披上银霜;

  当我看见木叶脱尽的高树,曾帐篷般为牧群带来阴凉,

  一度青翠夏苗而今捆成束,束端露白硬须芒于灵车上。

  于是我不禁为你美色担忧,你会迟早没入时间的荒凉,

  既然甘美的事物难免谢世,叹来者居上自己快速消亡,

  故万物难挡住时间的镰刀,除非你谢世后留下了儿郎。

自然,阅读这样的文学经典也是可以做到"一箭多雕"的。

例如,"可怖夜色吞噬白昼光芒"中的"吞噬"一词让我惊叹。虽然我们都熟悉"吞噬"一词,但此处运用得很生动,让我的脑海中有了"夜色驱逐白日"的画面感。于是我便模仿写作,比如,将"吞噬"一词用于"节俭"主题的议论文中。

当饥贫交加的角落在我们眼前摊开,当辛勤耕耘的身影在田间浮现,当粮食安全问题已不容忽视,我们是否对被践踏的食物动了恻隐之心?我们又是否忍心让浪费粮食的可怖夜色吞噬优良节俭精神之白昼光芒!

例如,"没入时间的荒凉"这样的表达也打动了我,我会将其改写后

用于自己要写的作文中，比如，用于"珍惜青年时光"主题的议论文中。

年岁增长又何足惧？你看，即便黝黑的碎发渐渐披上银霜，精神矍铄的八旬深海勇士汪品先仍然亲赴深海，加入第一次由中国人设计和主持的大洋钻探航次。试问，是什么样的深海力量，让他放弃了本可急流勇退、含饴弄孙的退休生活？是那透过水波、散射入海洋之中的光，更是那赤忱的报国心啊！当这般老当益壮的精神让我们潸然泪下之时，试问，作为新青年的我们，又如何能没入时间的荒凉、虚度年华无所事事？！

例如，"万物难挡时间的镰刀"也是一处精妙表达，模仿写作示例如下。

昔日的繁华早已没入时间的荒凉，昨日的雕梁画栋难挡时间的镰刀，唯有那萦绕于敦煌石窟上空的中华韵味永远流传。

总之，在阅读课外书的过程中，要做到"一箭多雕"。我们的原则是，但凡是打动我们的句子，都值得我们积累、模仿；但凡是我们不曾掌握的知识原理，都值得我们理解、学习。

2.3.2　看纪录片、电影、综艺，一箭多雕

看纪录片不失为一种便捷的帮助我们做到天文地理都有所涉猎的方式。从高中到现在，我一直保持着看各类纪录片的习惯。

一方面，看纪录片能够收获相关的知识、拓宽视野；另一方面，有些纪录片的解说词极富文学水平，值得作为写作素材摘抄。

例如，我曾经看过纪录片《河西走廊》，它增长了我地理、历史、文学多方面的知识。

我在地理课本中机械性地反复记忆过河西走廊的大致经纬度，记忆过其气候、地形地貌等地理特征，但在看到纪录片中皲裂的土地、真实的绿洲后，河西走廊区域基本的地理特征便从此烙印在我的脑海中。毫不夸张

地说，搭配视频记忆区域地理知识，只需一次，便再也忘不掉。

此外，《苍生》这一集中也包含一个让我至今仍记忆犹新的历史知识。

阿古柏趁太平天国之乱占领新疆，与此同时，日本侵略台湾。边疆海疆同时发生危机，李鸿章等主张放弃新疆，左宗棠则提出"东则海防，西则塞防，二者并重"。

结合纪录片的介绍，我在网上搜索这段历史，发现这就是 19 世纪 70 年代清王朝统治阶级内部的"海防与塞防之争"。争论的根本原因在于清政府经历战争赔款，国库空虚、实力弱小，如若同时应对东南与西北的战事，需要一大笔军费开支，朝廷难以兼顾。

而这一知识点则帮助我充分理解了一道曾经做错的历史高考题。正是因为实力弱，才无法"守外洋"，才要做内河、海口、外洋间的取舍。

鸦片战争时期，魏源批评当时"御诸内河不若御诸海口，御诸海口不若御诸外洋"的海防主张，认为"守外洋不如守海口，守海口不如守内河"。魏源的主张反映了这一时期（D）。

A. 海禁思想被远洋开拓思想所取代　　B. 洋务派开始着手海防建设

C. 有识之士主张学习西方海防模式　　D. 清朝的海军实力远逊于列强

再如，高中毕业之后我看了《如果国宝会说话》这部纪录片。即便那时的我已经没有了参加议论文考试的需求，没有了刻意积累素材、提升文笔的需求，但精彩的解说词还是让我忍不住摘抄了许多句子。举例如下。

★ 你来自泥土，头微微扬起，仿佛仰望天空。六千多年过去了，我们进食、生存、繁衍，不断进化。而今凝望着你，我们依旧在思索这一切的意义。

★ 我们凝望着最初的凝望，感到另一颗心跨越时空，望见生命的力量之和。六千年仿佛刹那间，村落成了国，符号成了诗，呼唤成了歌。

★ 有了甲骨文,中华文明就有了记录与传承的工具。经过演变传承,从祖先的心里流传到我们的指尖。从此,从个体到族群,所有的情感、知识、思想、经验,通过文字一代代流传下来,中华文明得以塑造与传扬。此刻,我们写出的横竖撇捺,曾经一笔一画地刻在骨头上。因为刻骨,所以铭心。

★ 因为对手,我们审视自己;因为对手,我们了解自己;因为对手,我们变成更强大的自己。你好,我的对手。

★ 一呼一吸间,镇墓兽已存在两千年,以木头和动物的角质对抗时间的销蚀,依然完好,与天空并肩,和星辰同行。

★ 可以阅读,可以理解,仔细想象,可以在尺牍之间看到那些被秦时明月照耀过的生命与时光。

★ 石雕无声,荒野长吟。这些拙朴、粗犷的石刻,不同于后世的写实风格,是汉代艺术的杰作。石不朽,磐石之志永存。亦如闪电的生命,在大地上消失的那一刻,石头里的生命浮现出来。一块岩石刀刀划过,时间在它们身上碰撞,便镌刻出了故事。

除了纪录片,看优质电影也会给我们带来很多收获。我曾经看过《敦刻尔克》,了解这段历史的过程中,我不由想到一句话:"有时候后退是为了更好地前进。"

这是一句非常具有辩证思想的真理,当我们阐释"前进与后退"的辩证关系时,敦刻尔克大撤退便可以作为一个精彩的论据。

观看央视的一些精彩综艺,如《经典咏流传》《中国诗词大会》《朗读者》等,我的摘抄本同样会被精彩的主持词填满。

比如,看《中国诗词大会》的过程中,我便积累了不同主题的一些精彩论证片段。

★ 谈童年：说起童年，我们会想起无忧无虑地玩耍，那是"小娃撑小艇，偷采白莲回"。说到童心，会想起各种各样的好奇，那是"小时不识月，呼作白玉盘"。童年还期望着长大，于是学爸爸敲针做钓钩，学妈妈堂前拜新月。后来啊，在期盼与好奇当中，我们一天天长大，但是童年的光辉，却照亮了往后漫长的人生岁月。于是我们有了勇气，醉卧沙场；有了雄心，九天揽月；有了感恩之心，报得春晖。

★ 谈奋斗：今日长缨在手，何时缚住苍龙。1935 年 10 月，已经转战万里的毛泽东带领七千红军战士来到六盘山。回顾沧桑的过往，面对未知的前途，毛泽东毅然写下了豪情万丈的诗词：六盘山上高峰，红旗漫卷西风。今天读起这些诗词的时候，我们也有了更深刻的领悟：历史只会眷顾坚定者、奋进者、搏击者，而不会等待犹豫者、懈怠者、畏难者。所以，在我们《中国诗词大会》最后两场的比赛当中，我们也希望所有的选手，都能够依然发扬拼搏的精神，长缨在手，缚住苍龙。

★ 谈英雄：江山如画，一时多少豪杰。英雄，是民族的脊梁，是时代的先锋。古往今来，沧海横流，方显英雄本色。在历史的转折处，英雄常常横刀立马，力挽狂澜，在命运的转折点，英雄常常视死如归，勇赴国难。英雄伟大，是因为他们的事业伟大；英雄不朽，是因为他们的功业不朽。"宣父犹能畏后生，丈夫未可轻年少"，这是少年英雄的气概；"莫道桑榆晚，为霞尚满天"，这是老英雄的壮志。

以上便是我高二、高三时期周末兼顾娱乐与学习的放松手段，各位读者不妨在假期玩游戏、刷微博之余，加入这样的休闲元素。

当然，对于我而言，高中的周末也留下一些遗憾——如果我当时能利用"学堂在线"（清华大学开发的公开课软件）等平台学习不同专业的入门知识，就可以在拓展知识面的同时，让日后选择专业不那么迷茫。

第3章

掉以轻心与
黎明前的黑暗

3.1 困境 | 安逸陷阱与平台期的坚守

高二的暑期，我凭着不错的平均成绩，获得了参加清华大学优秀高中生暑期学校的机会——对我而言，那像是一次"朝圣"。

我是那么地渴望，一年之后，以正式学生的身份，坐在教学楼明亮的落地窗前，喝咖啡、与同学讨论小组作业……

我是那么地渴望，从紫荆公寓穿过紫荆操场、清芬园食堂到文科图书馆、第六教学楼能成为我未来的日常生活。

暑校的招生老师跟我们说过一句话："你们这次回去就会发现，以前再怎么不学习的（同学）都会认真紧张起来。"

而我，为了一年后以正式学生的身份再次去到清华，我要在所有人向前拼命追赶的时候，保持住自己的排名。

坐高铁返程，穿越大半个中国，我回到我的高中校园，高三生活便开始了。

3.1.1 警惕安逸陷阱

不知道是不是因为去了一趟北京带回来了好运气，高三开始后，连续三次月考，我都是年级第一。

无疑，这让我收获了巨大的满足感，甚至逐渐异化为骄傲。

我听说过很多平时每次都能考第一，高考却"折戟沉沙"的案例。但我笃定地想，我会被排除在"厄运"与"宿命"之外。

不幸却又幸运的是，我的"厄运"与"宿命"在第四次月考之后降临——从那之后到高考前最后一次模考，无论是月考还是市模、省模，我的排名再也没有挤进过"清北安全线"。

这似乎与我们的古话"富不过三代"不谋而合。因为安逸，我满足且开始骄傲；因为侥幸，整整一个学期，我未曾正视我的不足。

高三的第一次考试，我的数学发挥得很不错。这一学科的遥遥领先弥补了其他学科的落后，让我获得了总分年级第一。因为第一名的喜悦，我全然忽略了自己错了7道选择题的历史，忽略了低于平均分的语文。

——没关系的，数学可以拉开差距，继续保持就好了。我侥幸地想。

高三的第二次考试，我的文综发挥得不错，选择题错误率达到历史新低，再次弥补了其他学科的落后。因为连续第一名的喜悦，我忽略了这一次我的数学成绩也达到了历史新低。

——没关系的，数学偶尔失误而已，下次不会这样了。我侥幸地想。

高三的第三次考试，我的各科均衡发挥，总分加起来年级第一。均衡发挥意味着我既没有优势学科，劣势学科也只是"平稳"发挥，没有长进。但我还是选择忽略掉了这个问题。

——没关系的，平稳发挥，各科均衡也很好。我侥幸地想。

这样的侥幸心理让我整整一个学期都没有正视自己的不足——

我所谓的优势学科数学发挥得极其不稳定；

我的文综选择题要领没掌握，总会错一大片；

我的语文阅读题总是低于班级平均分……

在一轮复习阶段，所有同学都奋力追赶、一点一点进步的时候，我却坠入"安逸陷阱"，止步不前。

所以，迎接我的是漫长的挣扎，是连挤进前10名都异常艰难的"兵荒马乱"。不进则退，我算是深刻领悟到这番真理了。

我这才开始反思：一直考得很好就不需要反思，就可以高枕无忧了吗？

说到这里，我想先给处于一帆风顺期的各位高中读者列一个"自我检测"表。以下符合你目前状况的条目越多，说明在剩余的考试中（包括高考）你的成绩波动越大。

（1）你的单科成绩起伏大。比如，这次语文考了130分，帮你树立了优势；下次你的语文却只得了103分，把你的总分拖下泥沼。

（2）你没有自己的绝对优势学科。虽然考试过程中某些科目发挥得差一些，但是运气好时会有其他"黑马"科目弥补一下，让总分看起来不错。

（3）你经常做错本该做对的基础题。比如，对于数学前六道选择题，你总有不小心做错题或经常计算错误的情况。

（4）你喜欢"自我粉饰"。比如，数学考试成绩不理想的时候用"只有几个人做出了最难的那道题，我就是其中一个"这样的话来安慰自己。

（5）你容易自我满足。比如，这次考试排名达到了自己较为理想的状态就不再反思，不思考这次考试是否可以考得更好，不思考应该怎样克服自己的弱点。

3.1.2　正视自我，进行自救

一次又一次没达到预期，我也明白了原因是什么。

我处于瓶颈期，因为一个学期的"顺风顺水"而停滞不前。在这个过程中，其他同学在相对前进、超越，这已然是既定的、不可扭转的现实。我只能正视自我、接受现实。但是，这不代表我就此放弃自救。所幸我的学习功底还在，因此我做了个计划。

我对自己的成绩进行了全局分析规划，也就是在了解高考各种题型的基础上，结合自己的情况做得分规划。首先明确要达到自己的目标大概需要多少总分；然后根据自己各学科的学习状况，将总分分配至不同学科；

接着层层分配到具体题型上。最后根据需要突破的具体题型给自己做详细的"长线"计划。

具体步骤如下。

第一步：结合自己的目标与实际情况制订总分目标，并将总分目标合理分配至各个学科。

表 3-1 所示为我当时给自己规划的 700 分的总分分配。（虽然最后我确实实现了总分目标，但是具体学科得分与规划得分有很大的差距，所以各位读者在制订规划的时候最好给自己设立一个容错区间。）

表3-1 各学科得分目标

科目	目标分值	依据
语文	135	模考中我的语文得分为105~120，但我明确知道学校判卷比高考严格。此外，我也明确知道自己此前未系统研究过简答题的答题思路和方法，而且当时我在作文上获得了较大的突破。因此做了较大的提升规划
数学	148	数学一直是我的强项，但我总会答错各式各样的基础、中档题。因此我通过专门的"细心"与"心态"训练计划，辅以压轴题的稳定训练，实现目标的希望还是很大的
英语	145	在词汇量与语法基础过关的前提下，全国卷的英语普遍比较简单。因此我只需要每天坚持训练、保持"题感"，稳定写作得分，实现目标的希望同样比较大

续表

科目	目标分值	依据
地理	90	对于这三门学科,我的瓶颈都出现在选择题上。我当时还在用机械背诵的方式做选择题,没有理解知识背后的原理。我需要用一个学期的时间解决这个问题,因此做了较大幅度的提升规划
政治	92	
历史	90	

第二步:将每一学科的得分目标分配至不同的题型。

以语文为例,我当时做的语文学科提升规划如表3-2所示。

表3-2 语文学科提升规划

题型	当前平均分值	目标分值	需要改进的内容
论述类文本阅读	4.5	6	提升梳理文脉、文本比对的细致度
实用类文本阅读	20	24	无
文言文阅读	13	16	精读高考文言文原文,掌握字词
诗歌鉴赏	7	9	掌握各类鉴赏手法
古诗文默写	4	5	无
语言基础运用	14	17	多刷题,多积累
作文	50	58	持续积累与训练

第三步:结合上一步的规划制订每日学习计划。

由于平时老师都会布置作业,且每天的作业量都不同,我把自己的计划分成"可变"和"固定"两个部分。

什么是"可变"的计划呢？比如每天的作业、每天遇到的新问题及其解决方法等。这类任务每天的用时不一。

什么是"固定"的计划呢？比如为了达到第二步中语文各题型的得分目标，我要每天用空闲时间（如课间时间）至少做 5 道选择题；我要每三天精读一篇高考文言文（精读的意思是把每个文言字词的意思都弄懂并记住）；我要每周收集、积累一次素材，限时写一篇作文，等等。

像这样的日常性、周期性任务，我会安排一个固定的时段完成。

第四步：明确各类题型、知识的学习技巧和应试技巧。

既然我的计划已经逐层"下探"，细致到每种题型要改进什么、得多少分，那么改进的方法自然也需要科学化。所以，这一步的核心是掌握每类高考题型对应的学习方法。

例如，对于文言文精读，我通过总结高考题的共性发现，文言文以官员传记为主，正文部分一般会列举好几件官员突出的政绩——这就说明，文言文考查的内容是有相当大的重复度的，而我如果能掌握大部分重复的字词，把正文涉及官员的不同政绩梳理清楚，成绩就能获得较大的提升。

明确了这些要点之后，我是怎么做的呢？以一篇高考文言文原文为例。

孙傅，字伯野，海州人，登进士第，为礼部员外郎。时蔡翛为尚书，傅为言天下事，劝其亟有所更，不然必败。翛不能用。迁至中书舍人。宣和末高丽入贡使者所过调夫治舟骚然烦费傅言索民力以妨农功而于中国无丝毫之益宰相谓其所论同苏轼奏贬蕲州安置。给事中许翰以为傅论议虽偶与轼合，意亦亡他，以职论事而责之过矣，翰亦罢去。靖康元年，召为给事中，进兵部尚书。上章乞复祖宗法度，钦宗问之，傅曰："祖宗法惠民，熙、丰法惠国，崇、观法惠奸。"时谓名言。十一月，拜尚书右丞，俄改同知枢密院，金人围都城，傅日夜亲当矢石。金兵分四翼噪而前，兵败退，堕与护龙河，填尸皆满，城门急闭。是日，进人遂登城。二年正月，钦宗诣金帅营，以傅辅太子留守，仍兼少傅，帝兼旬不返，傅屡贻书请之。及废立檄至，傅大恸曰："吾唯知吾君可帝中国尔，苟立异姓，吾当死之。"金人来索太上，帝后、诸王、妃主，傅留太子不遣。密谋匿之民间，别求关类宦者二人之，并斩十数死囚，持首送之，绐金人曰："宦者欲窃太子出，都人争斗杀之，误伤太子。因帅兵讨定，斩首为乱者以献，苟不已，刚以死继之。"越五日，无肯承其事者，傅曰："吾为太子傅，当同生死。金人虽不吾索，吾当与之俱行，求见二酋面责之，庶或万一可济。"遂从太子出。金守门者曰："所欲得太子，留守何预？"傅曰："我宋之大臣，三太子傅也，当死从。"是夕，宿门下，明日，金人召之去。明年二月，死于朝廷，绍兴中，赠开府仪同三司，谥曰忠定。

首先，梳理文脉、整理正文涉及官员的不同政绩。方法是画出表示时间变化、官职变动的词汇及人名，这样便能迅速划分不同事件；划分不同事件后，再精读事件内容，通过积累推测生词释义，并在脑海中将文言文翻译为现代文本。

具体过程如下。

<u>时蔡卞为尚书</u>，傅为言天下事，劝其亟有所更，不然必败。卞不能用。<u>迁至中书舍人</u>。（第1件事：向尚书进言不被采用，官职调动为中书舍人。）

<u>宣和末高丽入贡使者</u>所过调夫治舟骚然烦费傅言索民力以妨农功而于中国无丝毫之益宰相谓其所论同<u>苏轼奏贬蕲州安置</u>。给事中许翰以为傅论议虽偶与轼合，意亦亡他，以职论事而责之过矣，<u>翰亦罢去</u>。（第2件事：因为进言高丽入贡使者劳民伤财之事遭到贬官，许翰因支持他也被罢官。）

<u>靖康元年，召为给事中，进兵部尚书</u>。上章乞复祖宗法度，<u>钦宗问之</u>，

傅曰："祖宗法惠民，熙、丰法惠国，崇、观法惠奸。"时谓名言。（第3件事：上书请求复祖宗法度之言，此番言论成为当时的名言。）

<u>十一月</u>，<u>拜尚书右丞，俄改同知枢密院</u>，金人围都城，傅日夜亲当矢石。<u>金兵分四翼噪而前</u>，兵败退，堕与护龙河，填尸皆满，城门急闭。是日，金人遂登城。（第4件事：掌管枢密院，亲自督战金人入侵。）

<u>二年正月</u>，钦宗诣金帅营，以傅辅太子留守，<u>仍兼少傅</u>，帝兼旬不返，傅屡贻书请之。及废立檄至，傅大恸曰："吾唯知吾君可帝中国尔，苟立异姓，吾当死之。"<u>金人</u>来索，傅留太子不遣。密谋匿之民间，别求关类宦者二人之，并斩十数死囚，持首送之，给金人曰："宦者欲窃太子出，都人争斗杀之，误伤太子。因帅兵讨定，斩首为乱者以献，苟不已，则以死继之。"（第5件事：对钦宗忠诚，密谋藏匿太子。）

<u>越五日</u>，无肯承其事者，傅曰："吾为太子傅，当同生死。金人虽不吾索，吾当与之俱行，求见二酋面责之，庶或万一可济。"遂从太子出。<u>金守门者曰</u>："所欲得太子，留守何预？"傅曰："我宋之大臣，三太子傅也，当死从。"是夕，宿门下，明日，<u>金人召之去</u>。（第6件事：密谋失败，与太子同赴虎穴。）

梳理文脉后，便到了推测并积累字词阶段。我会将这篇文言文中新的字词记在便携摘抄本上，通过正面写文言文、背面写释义的方式记笔记，并定期回顾。

不只文言文题型，任何我规划的需要突破瓶颈的知识，我采取的方法都是，研究该知识题型的共通规律——通过足量的练习熟悉规律与方法——在练习的过程中积累新获得的知识、方法等。

3.1.3 身处平台期，仍需坚守

我做了这么详细的规划，付出了那么多的努力，辛苦了几十天，是否就意味着我会在下一次考试中取得立竿见影的效果呢？

很遗憾，并不是——并且，不只于我，于大多数人而言，几十天的努力往往是无法看到显著成效的。就像减肥有平台期一样，提高成绩同样也有平台期，在这个平台期，有些人没看到每一天的进步，于是选择放弃；有些人仍然煎熬地坚持着，最终守得云开见月明。幸运的是，当时的我是后者。

我努力了一个多月，可是仍然挤不进年级前 5 名，甚至有一次滑落到了年级 20 名。我的确很沮丧，我也允许自己沮丧——沮丧大半天后，生活、学习一切还要照旧。

在沮丧之后，我给自己打气：我应该庆幸，这样的"失败"不是出现在高考中，而是出现在可以不断给我带来反思的模考中；我应该庆幸，这样的"失败"促使我反思为什么丢了不该丢的分、下个阶段该弥补点什么，而非一直陷于"安逸陷阱"之中。

我也会告诉自己：下一次模考并非终点。模考应该成为我的参照系，我可以通过它分析怎样最大程度避免失误，而不应该局限于思考如何应付下一次模考，我的目标是高考。

我要学会"放长线钓大鱼"。虽说某个月中我把文言文问题解决了，但我的简答题问题很可能还没解决——而如果当月月考中文言文变简单、简答题变难，那么即便经过一个月的努力，我收获的成绩也可能比上一次还低。

因此，为了终极目标，我需要学会在漫长的平台期坚守。

图 3-1 所示的对勾函数中处于 y 轴右半边的图像可以很形象地刻画我们的进步曲线。当我们从"0"开始付诸努力时,我们位于极小值点的左侧——我们付出了努力,y 值却可能不断下降。如果我们多坚持一下,跨越极小值点,便会"柳暗花明又一村"。

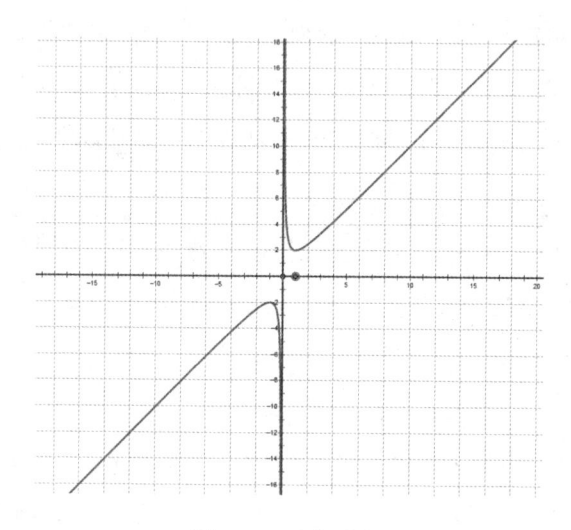

图 3-1　对勾函数

在极小值点左侧挣扎时,我们难免会低落、灰心丧气、迷茫。在这个过程中,不妨享受每天学到新知识、每天进一步的欢喜,以实际行动代替空想,等待单调递增时期的到来。

最后,如果你正在拼命地挣脱泥沼,那么请你跟曾经的我一样,完成以下"自我检测"表。符合你目前状况的条目越多,说明你目前的学习的组织性越需要加强。

(1) 你还不熟悉高考中每个学科考什么题型,题号是多少,分值占多少。

(2) 你还不知道自己已大体掌握的题型怎么训练才有可能拿高分。

（3）你还不知道目前自己还未掌握的题型的学习方法。

（4）你还没有做一个具体到各个题型的训练提分计划。

（5）你的眼光局限于下一次考试能考多少名。你没有想过，在日常的模拟考试之外，你也需要认真规划，研究比模拟题更具有规律性的高考。

（6）你还没有做完近十年的本省高考真题，没有摸清命题规律。

（7）你还没有训练自己在各种心态下、各种外界环境的干扰下保持冷静地做好一张卷子。

此外，我在那段日子里还有些其他感悟，在此分享给大家，希望能对大家有所帮助。

第一，以获取知识的充实感，取代"假如高考失利"的不良循环。

"要是高考失败，人生可能就完了。"这样的念头或许有一瞬间甚至很多个瞬间在我们的脑海中回荡，以至于我们在很多个晚上由于这些空想的后果而失眠。而这样无谓的担忧会导致我们的学习效率降低、成绩波动。

当我静下心来制订好详细的计划并付诸实践，让自己忙起来后，我才渐渐发现自己不再想那些可能的坏结果。

我学会了享受每天完成任务获得的充实感——今天复习了一遍立体几何中求体积的知识点，熟悉了每个题型的解题方法和思路……

沉浸在收获与规划的充实感中，做点实事，让"实干"取代"胡思乱想"，不仅能减少焦虑，还能让我们品尝到进步的乐趣。

第二，进一寸有一寸的欢喜，拒绝患得患失。

胡适曾说："怕什么真理无穷，进一寸有一寸的欢喜。"这句话给了我很大的启发。

每次考试，无论是模考还是月考，我都爱与竞争对手做比较。对手分数比我低，我会暗自欣喜，抱着"欣赏"的态度审阅自己的卷子；对手分数比我高，我便会暗地里较劲儿，抱着"这题粗心了吧，不然和他分数一样""这题我会，当时太紧张了而已"的"寻分"态度安慰自己。

但其实这些都是患得患失的表现。过于在意与他人的差距，反而会忽略考试真正的意义。

什么是"进一寸有一寸的欢喜"？这一寸，不是分数，也不是排名，而是每一次检测出的知识漏洞，每一个新掌握的解题方法，每一个吸取的教训……

考好时，欣喜固然没错，但要搞清楚，助力我们取得高分的解题方法与考试技巧我们是完全不熟，还是扎扎实实掌握了。这一寸，是进一步巩固。

考差时，悲伤当然也能理解，但要冷静下来分析每一分的失分原因，是因为知识漏洞、粗心、答题卡填错、紧张，还是有其他原因。这一寸，是查漏补缺。

这样一想，考试就是件好事，考差考好，都让我们离高考成功更进一寸。

第三，保持自己的节奏。

或许我们还会有这样的苦恼——看到别的同学在刷题，就会感到莫名的不安与紧张。

"他都刷完5年的数学全国高考卷了，我才刚开始！"

"他拿的那本文言文知识集锦是什么？好像整理得很全。"

"她的归纳本又多又整齐，我的归纳速度也太慢了。"

……

于是我们开始自我怀疑，乱了阵脚。

明明一步步列好了计划，明明每天保持着良好的节奏，却被一个小小的焦虑与不安打乱了。

每个人的具体情况不同，计划、节奏也是不一样的，特别是在高三复习阶段。这时如果过度敏感，就很容易被其他人的节奏影响。

我们需要做的是，通过自我思考与外界的提醒进一步认清自己的现状，从而提高计划方向的准确性，并在实施计划的过程中按照自己的节奏不断调整。

既然选了远方，便只顾风雨兼程。

第四，切忌过度自尊。

多数时候，老师的表扬、同学的羡慕、家长的赞赏，都会令人心情愉悦。但愉悦的背后，常常隐藏着一种"优越感"。

这种优越感，可以激励我们向上，争取更好的成绩，但也会让我们过度在意他人的评价。我们可能会因为成绩排名比较靠后而情绪低落，可能会在遇到难题时不愿放低姿态去寻求帮助，可能会在大人面前掩饰压力。

如果这样的优越感过了度，我们就有可能寸步难行——难在情绪波动，难在缺乏学习交流，难在压力累积。

希望我们可以因为他人的赞美而备受鼓舞，而不是深陷其中。

希望我们可以脚踏实地、默默努力，而不急于求成，不过度自尊。

3.2 重构 | 识破命题人的套路，驾驭考试

在平台期，历史、地理、政治三门学科的选择题是我最大的困扰，没有之一。做这三门学科的选择题套卷，我有时会运气爆棚，把错题数量控制在两道；但更多情况下，我错得一塌糊涂，单科选择题甚至会错五六道。（我当时的考试是文科综合卷，每科有 11 或 12 道选择题。）

我的课本知识掌握得还不错，可为什么做起选择题来会这么糟糕呢？为了攻克这一难关，我开启了反思模式。

3.2.1 识破高考命题人的套路

幸运的是，一道 2015 年（我高考的前一年）的高考真题重构了我对文科学习的认知。

1938 年，日本侵略者在北平设立"中国联合准备银行"，发行"联银券"，流通于平、津、鲁、豫等地；同时还发行了大量不具备货币性质的"军用票"，流通于市场，日本侵略者上述行径的目的是（　　）。

A. 转嫁战争负担　　B. 扰乱国统区金融秩序

C. 强化物资管制　　D. 封锁抗日根据地经济

我初做这道题时一头雾水，完全读不懂材料。我只得用平时常用的找关键词法，通过"联银券"对应选项中的关键词"金融"，最终选 B 选项，但正确答案是 A 选项。

即便听了课堂上老师的讲解，我也没办法理解：为什么这样的做法能转嫁战争负担？

于是我只能通过网络自学。与此同时，我也开始反思该怎样应对这样的题目。

显然，日本侵略者在北平设立"中国联合准备银行"这样的史实课本中未曾出现，高考题为什么跟课本"不存在一丝联系"呢？我为什么做不对这道题呢？

第一个原因在于对历史概念、史实连贯性的掌握不够扎实。的确，历史课本上，抗日战争的战略防御阶段、战略相持阶段、战略反攻阶段相关知识我大致掌握了，正面战场与敌后战场相关知识我也大致掌握了。但在这道题出现之前，我还未曾真正掌握过沦陷区、国统区、抗日根据地等概念——这样基础的概念我都不会，所以我排除不了B与D两个选项。

第二个原因在于畏难心理。我碰到课本上未曾出现过的史实就慌了，看到每一个包含未曾学习过的名词的选项就慌了。其实我完全可以结合语文知识与现实生活去尝试理解材料与选项。例如，C选项中的"强化物资管制"，我完全可以把"强化""物资""管制"这3个词分开理解，看到"物资"一词我能想起米、面、粮、油等生活用品。那么，"强化物资管制"即强化对日用品等实物的管控——材料中明显没有提及这方面的内容。

第三个原因在于对历史原理乃至跨学科原理的理解不够。在搜罗了一大堆资料并联系所学的一些基本的经济基础知识后，我便能思考清楚：当时北平已经成为沦陷区，日伪政府设立银行、发行伪币。材料中的联银券、军用票由日本侵略者强行赋予购买力，压迫沦陷区的老百姓使用这样的票券。而作为这些票券的发行方，他们可以源源不断地印刷，去掠夺市面上的物资。而战争需要消耗大量物资，这样的话，日本侵略者通过掠夺中国老百姓手里的物资，便转嫁了战争负担。

通过对这道题的三层剖析，我便明白了自己为什么做不对高考题。

我只掌握了基本史实的冰山一角，且思维固化，缺乏结合现实思考的灵活度，我只理解甚至只记忆了课本中重大事件的历史背景等知识，却未曾理解历史背后的运行逻辑与原理……

清楚这些问题后，我便识破了命题人的套路。高考命题人基本是学富五车的相关学科领域的教授、学者，他们怎么会考查我们老套的机械记忆式的习题呢？

他们考查的是我们是否掌握了学科知识逻辑思维——历史如此，政治地理如此，数学物理等学科亦如此。

3.2.2 与命题人斗智斗勇，驾驭考试

在明白高考命题人考查的内容与自己和理解高考题之间的差距后，我便开启了疯狂积累的模式——

我摸索以往的高考真题，思考每道题背后考查的知识、逻辑，再做相应的积累，直到驾驭考试。

那么，要如何与命题人斗智斗勇呢？

以历史学科为例，复习均田制时，我会首先将该专题中近10年的高考题根据朝代顺序进行梳理，这样自然就能呈现出均田制的演变特征。举例如下。

（1）北魏首创均田制，隋至唐初一直沿用。均田制下农业生产经营的主要形式是（　）。

　A. 众人集体生产　　　　　　B. 田庄规模生产

　C. 个体农户耕作　　　　　　D. 官府募民耕作

（2）白寿彝《中国通史》指出："自北魏产生，经历隋唐的均田制，是中国历史上最后一个封建国家所有的田制。"在这一"田"制下（　）。

A. 土地全部归国家所有 B. 土地都可以自由买卖

C. 农民只需向国家缴纳赋税 D. 无主荒地由国家重新分配

（3）北朝推行均田制，规定年满 15 岁男子依照制度占有一定数量的耕地，按户缴纳赋税，并要求男子达到 15 岁、女子达到 13 岁，必须嫁娶，不得拖延。均田制的目的是（ ）。

A. 抵制土地兼并 B. 促进人口增长

C. 增加财税收入 D. 稳定个体小农

（4）唐代某诏令批评当时存在"恣行吞并，莫惧章程"和"口分永业（国家授予的田地）违法买卖"的现象，这表明当时（ ）。

A. 井田制瓦解 B. 分封制恢复

C. 均田制受到破坏 D. "市"突破空间限制

（5）北魏至唐前期实行均田制，宋代以后历朝都未实行统一的土地分配制度。上述变化主要是由于（ ）。

A. 小农经济的发展 B. 租佃关系的盛行

C. 土地的高度集中 D. 农业生产水平提高

（6）汉唐制定土地法规，限制私有大土地的发展。宋代一改此法，"不抑兼并"。据此可知宋代（ ）。

A. 中央集权弱化 B. 流民问题严重

C. 土地兼并缓和 D. 自耕小农衰退

（7）宋代，有田产的"主户"只占民户总数 20% 左右，其余大多是四处租种土地的"客户"，导致这种状况的重要因素是（ ）。

A. 经济严重衰退 B. 土地政策调整

C. 坊市制度崩溃　　　　　D. 政府管理失控

把这些习题理解清楚后，我们就可以掌握这一考点 50% 左右的知识。在这个过程中，与理解这些习题一样重要的是，根据高考命题人的套路，对习题进行研究与积累。

既然是复习均田制这一知识点，那么首先需要掌握的内容便是均田制相关的基本史实。我会紧扣课本并借助网络进行梳理，整理如下。

北魏——唐代封建君主为增加财政收入，缓和土地兼并带来的矛盾等实行的主要土地政策为均田制。均田制是由北魏至唐朝前期实行的一种将无主土地按人口分配给小农耕作的制度，土地为国有制，部分土地在耕作一定年限后归小农所有，部分土地在小农死后还给官府。到了唐朝中期，土地兼并日益严重，均田制实行的基础——土地国有制——破坏严重。至唐天宝年间，根本无法实行土地还授，故至德宗年间被两税法取代。实施范围一说始终仅实施于北中国，一说隋统一后实施于全国。

背景

自永嘉之乱到北魏统一北方，北方经过了长期的战乱，人口凋敝，土地荒芜，富豪兼并土地的现象十分严重。加之北魏初年实行宗主督护制，封建中央政府掌握的人口数很少，影响了赋税的征收。北魏孝文帝颁布均田令并开始执行。均田令是北魏孝文帝改革的一项开创性措施。北魏至唐前期均以均田制作为基本的土地制度。

至唐中叶，由于社会生产力的提高和商品经济的发展，土地兼并空前盛行，国有土地通过各种方式不断转化为私有土地，政府控制的土地日益稀少，政府已无地授田（根本原因）。同时，唐政府对原来被授田的农民横征暴敛。农民不堪忍受，或纷纷逃亡，或出卖土地而投靠贵族官僚地主为佃客。

"丁口滋众，官无闲田"。唐德宗建中元年，在宰相杨炎的建议下，颁布两税法，均田制瓦解。

积极影响

政治上，均田制的实施，和与之相联系的租庸调制，以及实行三长制，有利于农民摆脱豪强大族的控制，转变为国家编户，使政府控制的自耕小农这一阶层的人数大大增多，保证了赋役来源，从而增强了专制主义中央集权制。

经济上，均田制的实施，肯定了土地的所有权和占有权，减少了田产纠纷，有利于无主荒田的开垦，因而对农业生产的恢复和发展起到了积极作用。同时，均田制为隋唐税制之根本，人民由政府处受田便有纳税的义务，唐代租庸调制乃在均田制之基本上施行，使唐能在隋末大乱之后农业受到严重破坏的情况下，到贞观年间变得十分富足。可以说，均田制还建立了军事和经济基础。

衍生方面，西魏权臣宇文泰，在均田制的基础上创立了府兵制，一直沿用至唐玄宗开元天宝年间。后起用募兵制，停用兵府鱼符，府兵制名存实亡。

衍生方面，虽然地主阶级的土地并不属于均田范围，但均田制有效限制了他们的土地扩张，也在一定程度上损害了旧地主阶级（世家大族）的利益。

局限与瓦解

均田制虽然包括私有土地，但能用来授受的土地只是无主土地和荒地，数量有限。因而均田农民受田，普遍达不到应受额。随着人口的增多和贵族官僚地主合法、非法地把大量公田据为己有，能够还授的土地就越来越少了。

均田令虽然限制了土地买卖、占田过限，但均田农民土地不足，经济力量薄弱，赋役负担沉重，稍遇天灾人祸，就被迫出卖土地，破产逃亡。地主兼并土地是必然要发生的。正因为如此，均田制在北魏实施以后不久即被破坏。经过北魏末年的战乱，无主土地和荒地增多。继起的东魏和西魏、北齐、北周、隋施行之后又破坏。隋末农民起义后，人口大减，土地荒芜，新建立起的唐王朝重新推行均田令，成效显著。唐高宗以后，均田制又逐渐被破坏。随着大地主土地所有制的发展，国有土地通过各种方式不断被转化为私有土地。到唐玄宗开元天宝年间，土地还授实际上已不能实行。唐德宗建中元年实行两税法后，均田制终于瓦解。

宋以后，不再抑制兼并。因此，越来越多的小农的土地被地主、富商等兼并，租佃关系盛行（即地主将土地使用权有偿出让给无地农民使用，租种土地的农民成为佃户），且逐渐受到政府的规范。

掌握连贯性的史实后，我会进一步分析历史原理、积累习题中出现过的不懂的历史概念。

比如，我会通过以上习题与史实的启发，尝试理解土地兼并这一概念。

土地买卖与土地兼并是中国封建社会土地制度的根本特点。

在中国封建社会，土地国有制并不占支配地位，土地私有制的普遍存在为土地买卖提供了可能性。早在战国时期，我国就出现了土地买卖的记载。如"中牟之人弃其田耘、卖宅圃"，赵括曾以国君所赐金帛"日视便利田宅可买者买之"。到商鞅变法时，则干脆肯定了"除井田，民得买卖"的合法性。秦汉以后，土地买卖成为我国封建社会普遍存在的现象。

只要土地买卖存在，土地兼并就必然会如影随形。在单纯的地主经济内部，地主对于消费有无限的追求，这就决定了他们必然会尽量兼并土地，提高自己的经济能力。土地兼并的过程，实际就是地租地产化的过程，因为地主兼并土地的原则，就是"将以其夺之人者辗转而为夺人之具不已"。地主拥有的土地越多，地租积累的数量就越大，兼并土地的力量就越强。因此，土地兼并的进程不是匀速前进的，而是加速前进的。地主兼并土地的对象，主要是自耕农的小块土地。中国封建社会一确立，自耕农和其小块土地的分离不仅会不断再现，并且总以日益扩大的规模向前进展。对于地主经济的扩张，大批自耕农失去土地，是不可缺少的条件。无论是就土地而言还是就劳动力而言，地主经济吞并自耕农经济都是土地兼并的主要途径。

值得注意的是，秦代以后，历代王朝为了巩固自己的统治地位，保证国家赋税及徭役征收，不断调整土地占有关系。当大土地所有制发展到损害王朝利益时，政府就会采取抑制兼并的政策。如西汉末年，王莽实行的王田制，西晋时推行的占田制，北魏、北周、北齐、隋、唐初的均田制都十分有利于造就大批自耕农。

与此同时，各个王朝建立之初，都大力鼓励农民垦荒，宣布开垦土地为农民所有。宋、明、清几个朝代初期，因垦荒而造就的自耕农数量更令人瞩目。此外，清政府还把部分官田归民，曰"更名田"。

如果我不够了解自耕农等题目中出现的名词，就会通过询问老师、在网络上查询等方式充分理解。

基本上经过这一番操作，这些名词与史实就会自然而然地在我的脑海中留下"不可磨灭"的印象。虽然看似耗时，但比一遍一遍地机械性地背书效率高很多。当然，这还不算是学习的终点，我还会通过模拟题训练不断加强对细节的理解、回顾。

也因为这样的坚持，最终我在高考中克服弱点，做到政、史、地三门学科的选择题错误数量加起来仅有 2 道——相比多次模考中错误 10 道而言，这是我对自己极大的突破。

当然，从识破高考命题人的套路出发，针对一个考点研究考题并拓展学习，这一系列流程不仅适用于历史、政治与地理，也适用于其他任何学科。

起码高三下学期的我用这一套流程应对六门高考学科，最终除英语出现较大失误外，其他学科都发挥出了我自己满意的水平，看到这里的你也要加油哦！

3.3 尾声 | 高考，高考

3.3.1 考前时光

高考前几天是什么样的？是狂欢，是落泪，是紧张，还是"解放"前的平静等待？

从进入高中校园的那一刻开始，我就不断地想象的高考前的场景，就这样悄然无息地降临了。

那是最后一个晚自习。

晚自习前，我和同桌最后一次到五楼的阳台吹风，因为是盛夏，直到晚上 7 点城市的街道上仍然没有亮起动人的橘色路灯。整整两年，我跟她各有难以言说的内心世界，但就这样无言地陪伴着彼此。

她在最后给我留了一张明信片，写着："谢谢你三年来的陪伴和指导，海角天涯，希望再见。"原来，"神经大条"的她也会写如此细腻的话。

教室里的座椅已经空了一半，越临近高考，走读的人越多。每周的座位轮换，我喜欢被换到窗边。所有窗子都被贴上了蓝色保护膜，透过窗子，会看到一个冷色的世界。

教学楼二楼一共排布了 6 个实验班：5 个理科实验班，1 个文科实验班。也许是因为我们班女生最多，隔壁的理科实验班订了许多比萨，也给我们班送了好几个。那是高中时代我们最后一次集体放纵。

那是最后一天在高中校园里上课。

最后一节英语课，我在课后问了老师一些问题。她说："等你最好的结果。"我明白她说的意思。我向来因为家人、长辈赋予的期望而感到有压力，但那一刻，更多的是被鼓舞、被激励、被肯定。我笑着信心满满地对她说:"好的,谢谢老师。"

曾经在网络上看过的故事,也发生在了我的身边。班主任兼语文老师在最后一节课上,听写了全班同学的名字,一直梦想着逃离高中赶紧长大的我内心竟也泛起酸楚。语文老师布置了最后一个作业:录一个视频给30年后的自己,问未来的自己在哪里,在做什么,成家立业了没。那也是我第一次真切感受到成年的重量。

高考前放三两天温书假,是我们学校历来的传统。我并没有搬太多书回家。高中时期的我并不是一个喜欢考前抱佛脚的人,我是"功夫在平时"的坚定信徒。

离开学校的那一天下午,我跟家人一起去逛街。

不知为何,我突然想起了高中时期反复阅读、记得每一个情节的《橘生淮南》。书中的女主人公洛枳在高考前,试穿了一条明黄色的吊带裙。而我也鬼迷心窍地买了一套当时流行的一字领上衣和阔腿裤。我已经把看考场那天和考试那两天的着装在心里规划了一遍。

脱下那身校服,我只想在高中生涯最后的几天,自在地"灿亮"一次。

那天,我给自己规划的复习任务很简单。我在心里回顾了一遍语文阅读题的答题模板,确认没有忘掉的部分后,背了顾城和海子的一些诗。我喜欢这些诗句,并且总是将它们引用或是改写进议论文里。

"草在结它的种子,风在摇它的叶子,

我们站着,不说话,十分美好。"

高中时期,我的心思是细腻的、多愁善感的。每一次读到这里,我的脑海中就会浮现出一扇蓝色的窗,浮现出围着篱笆种满鲜花的院子。

我的书桌上还放着高二暑期从清华夏令营带回来的一些校徽,以及抹茶味的悠哈糖。高中时期的我，经常在一个绑定了自己手机号，但没有高中同学关注且我也没有关注任何高中同学的微博上发一些碎碎念。我提到过悠哈糖。后来，在高三倒数第二次月考出成绩的时候，我趴在桌面上迷茫着、失落着，高中时期喜欢的男生向我桌上丢来一颗悠哈糖，跟我相视一笑。

我决定用一张小纸片与这些美好的回忆做一个告别。我把糖和夏令营的一些纪念物放进一个小盒子，写了几句关于高考加油的话。然后我给那个男生发了一条消息，告诉他看考场那天有东西要给他。

看考场的那天下午，学校给我们每个人发了一套数学卷子，在数学考试对应的时间节点拿进考场自测以适应环境。那套卷子有一定难度，但我做得很顺利，状态很不错。虽然没有核对答案，但这良好的状态还是为我增添了几分信心。

下楼梯的时候，我碰到了同班同学，互相试探着询问对方做完这套卷子后的反应。在既定的只看成绩的评价体系里，我们总会彼此暗自较劲儿、小心试探。

碰到那个男生后，我把小盒子交给了他，像完成了一个重大的使命。

因为考场在新城区，离我家很远，所以我便跟一个室友一起住在了考场附近的酒店里。除了进考场前各项检查严格一些，除了换了个环境，除了是最后一次大考，对于在模考中身经百战的我们而言，高考与高三时期的月考、模拟考没有过多的差别。

各大考试前，我并不希冀突击学习一些新知识。

在语文学科上，我往往会背诗句、记整理过的小众人物素材等，在脑海里回忆答题模板；在数学学科上，我往往会回顾一下便携本里记下的那些犯过的低级错误，或者自己做题过程中发现的一些好用的方法；在英语学科上，我会把写作中好用的、百搭的高级词汇、短语等翻出来记一遍；在政、史、地学科上，我主要复习主观题的答题逻辑、思维导图。

不过，高考前的那天晚上，在室友的影响下，我突击背了背《逍遥游》和《离骚》。在对未来的畅想中，我没有失眠，渐渐入睡。

3.3.2 高考考场中的意外状况与应对方法

从高考前两天开始，我就在父母的叮嘱下格外注意饮食清淡，以保护自己脆弱的肠胃。然而，6月7日下午，前往考场之前，我还是意外地得了急性肠胃炎。

这场考试是数学，它是我高中时期最拿手、最有希望与别人拉开差距的学科，却也是最需要在燥热的午后保持大脑清醒、沉着应对的学科。

我和我的妈妈、室友和她的爸爸一同前往考场，我并没有因为肠胃炎而过多慌乱——毕竟只是还能忍受的腹痛、不一定会再"爆发"的腹泻，但我能感受到妈妈的紧张。她在前往考场的路途中奔向了药店。

那是我唯一一次以亲历者的身份，感受到了在这场毫无硝烟的"战争"中，这个世界对这群苦读12年、以两天的考试为自己争取未来的人的善意。

我的室友毫无怨言、耐心地等着我。我的妈妈在药店排队结账的时候，与旁人说是给高考生买药，排在前面的人纷纷让出位置来。后来，每当我在6月7—8日看到新闻中的关于高考的报道——某某城市出租车司机为高考生免单，热心市民拾到准考证为考生送去等，眼角都会情不自禁地涌出泪水。我亦真切地明白，这虽然是我们为自己的未来而战的一场考试，但我们从来不是单打独斗。这个世界上，有许多的善意，在我们奔赴未来的路上，为我们保驾护航。

赶到考场的时候，警戒线外挤满了翘首以盼的家长，考生基本已入场完毕。我跟室友疾步进入了各自的考场。

我并不慌乱，仍充满自信，吃了药、安检完，在座位上等待着。这可是数学考试，是我的底气和"主场"。

发放答题卡，粘贴条形码，填写信息，发放考卷……

在考试铃声响起之前，我整体浏览了一遍考卷，预判难度。我的目光扫过解答题中关于统计与概率的题时，看到了不熟悉的关于相关系数的问题，略微感觉不妙。但一直以来的实力，还是让我迅速平复了心态——我不熟悉的别人肯定也不熟悉，把它放到最后做就好了。

开考铃声响起。

前10道单选题，在已经训练达到条件反射的状态下，我很快就解决了。第11题是一道关于球体的问题，我没能迅速解出，再加上一扫而过的相关系数盲区，导致我心烦意乱起来。我挣扎了几分钟，发现题干中的条件早已像乱码一样浮现在我的眼前，我不知道应从何处开始整理思路。

为了不影响整体作答情况，我只能把第11题搁置在一边，最后再解决——以往的模拟考试经验告诉我，在一道题上挣扎的时间不能超过5分钟，一旦超过，"跑"为上策。如果我们能在考试中拿到自己会做的题目的分数，那么结果至少不会让人失望。

做到第12题时，受到心态的影响，我也没办法顺利地把它解出来，于是继续"跑"。

我试图通过喝凉水让自己的大脑冷静下来，但我的心理防线已有一丝崩溃。我给自己设定的底线是145分，但我已经做不出价值10分的选择题了，后面还有一道价值12分的解答题可能也做不出来。

而做到填空题的第 15、16 题时，我再次因为烦躁而无法冷静思考。

在将近 30 分钟的时间里，我似乎已然失去了 20 分。

顺利做完第 17 题后，便遇到了加速我心态崩溃的罪魁祸首——相关系数。这本就是复习过程中被我忽略的概念，再加上烦躁的心态，我更无法做出来了。

直到这里，我已经失去了 32 分。

无数个念头在脑海中闪现：这般"滑铁卢"，我还能上什么大学？算上清华领军计划保底的 30 分降分，我还有可能踏进那座神圣的校园吗？我是不是应该全力准备领军计划的面试，争取更多降分？

我又喝了一口凉水，努力克制这些会让自己"自我放逐"的念头。我紧紧地闭了一次眼，再睁开后，便继续与这张高考数学卷战斗。

略微平复心态后，我的立体几何做得格外顺利。为了先把基础的分数拿到，我调整了一下做题的顺序。做完立体几何后，我开始做选做题（坐标系与参数方程），再做解析几何和导数的第一问。

我调整了心态：我将在 100 分的基础上，一步又一步地争取额外的分数与惊喜。

因为我的解析几何基础足够扎实，所以很顺利地做完了整道题。导数解答题一共分为 3 小问，我不费吹灰之力地把较为基础的第 1、2 问做完后，发现距离考试结束还有 50 分钟。我知道，希望又一点点地回来了。

我的心态已经不再那么慌乱了。

我选择了先攻克纯粹因为烦躁而跳过的填空题的第 15、16 题。在心态平和的情况下，很顺利地多争取了 10 分。于是我继续努力攻克选择题的第 11 题。愈发冷静、自信后，我很快便把球体中的各项几何关系厘清，并解出了答案。

离考试结束还有 35 分钟。

在价值 5 分的选择压轴题和价值 12 分的解答题中，我选择了先尝试解决价值 12 分的解答题。在知道时间还充足的情况下，我仔细从题目的条件中找线索：根据题目给的参考公式中的字母 r，联想到单词 Relation，便推测那就是相关系数。同时，我结合高考数学题不会出现无用条件的原则，思考题目中提及的参考数据可以用在哪里。我很快便反应过来，将参考公式展开，便可以计算出相关系数。

最后，我计算出了一个约等于 0.99 的数据，接近"1"，这与我印象中微薄的知识相符。我便知道，我这么做肯定对了。攻下这个困难关卡后，我便迅速地"扫荡"完了这道题。

在这样的良性循环下，我更加冷静，第 12 题（价值 5 分的选择压轴题）也很快被我解决掉了。

这时离考试结束还有 15 分钟。

还有导数解答题的第 3 小问没做。我写了一些特定的过程，构造了函数，便没再继续往下做了——如果其他题都能做对，那么我的数学得分便会在 145 分以上。我笃信，对于这份考卷的难度而言，这个分数很难不是最高分。于是，我便用最后的 10 分钟检查。

在高考成绩尘埃落定那天，妈妈给我看了她抓拍到的我笑嘻嘻地奔向她的照片。她说，当她看到别的同学情绪低落的样子的时候，看着我这样走出来，就知道我没什么问题了。

后来，在药店外等待我的室友跟我一起考上了清华。

在数学考试这一场两个多小时的"战斗"中积累的经验，给予了我未来度过大学生活与参加面试考试诸多深刻的启发。

底气和自信，是应对一切突发状况时保持镇定的基本要素。如果不是平时在这门学科上积累的实力，我或许在出发前腹痛的那一刻就落败了。如果不是复习过程中忽略掉了未曾考过的基础概念，那么，这一切"兵荒马乱"就不会发生。

放弃与割舍，同样是一门学问。在目标和时间既定的情况下，执拗于不可能短期突破的事情，或许并不一定是一件好事。

后来，我经常被学弟学妹问关于考数学的技巧，或是超常发挥的技巧等。固然，考试是有技巧的，在那两个多小时的挣扎里，我也用到了一些技巧。譬如，结合试卷上没有废话的原则推测给出的每一个参考数据的用处；先预判试卷的难度，然后调整答题顺序。但这些技巧的灵活运用，同样建立在实力与底气的基础上的。

阅读到这里的你，要记得养精蓄锐、储存实力——这才是最好的技巧。

第4章

优秀学习状态的养成

4.1　努力 | 警惕无效努力陷阱，正确发力

我高三所在的寝室共有 5 个人。这 5 个人里，包括我在内有 2 个人考上了清华大学，1 个人考上了香港中文大学，1 个人考上了中国人民大学，1 个人考上了厦门大学。

读到这里，大家是否会觉得我们寝室每日挑灯夜读到三更，鸡鸣则起呢？

实际上并不是。

我们几个人在寝室熄灯后会进行短暂的八卦夜谈，然后直接睡倒。

我们每天早上与下午都要被生活老师骂得狗血淋头，踩着寝室关门赶人的点儿飞奔去教室——飞奔途中总会遇见在食堂买了面包正进行百米冲刺的隔壁理科实验班常年霸榜年级第一与第二的两个人。

我们可以通过有效努力实现晚上 7 个小时、中午半个小时的睡眠，我们也可以通过有效努力留出多余的精力玩游戏以休闲放松，我们还可以通过有效努力让自己看起来学得毫不费力。

那么，什么是有效努力呢？

4.1.1　警惕无效努力陷阱

在揭晓何为有效努力之前，各位读者不妨对号入座，看看自己的哪些"努力"是无效努力。

无效努力第 1 点：等明天。

今天好困，今天的学习状态好差，今天"开局不利"，今天成绩出了，心情不好。反正今天已经"废掉"一大半，干脆用今天来平复心情，做个周密的计划，明天再好好努力。

但是，明日复明日，明日何其多？

无效努力第 2 点：不会记笔记。

每个字都写得很工整的笔记太好看了，整理完太有成就感了。于是把每道题的笔记都整理成手账样式，把好用的作文素材一字不漏摘抄下来。

这番笔记整理下来，一个晚自习的时间便消耗殆尽了。但是事无巨细、小白一眼也能看懂的笔记，却挤占了原本能理解 20 道题、写一篇完整作文的时间。而且，这样的笔记会让日后复习时无从看起。

无效努力第 3 点：被动输入。

刷一套卷子、刷一章练习题，完成所有作业的过程中，把自己会做的题全部做完，对于不会的题就"留空"，等老师讲解。认为与自己不会的题目、不会的知识点干耗着太浪费时间了。

这样一来，就一直停留在自己的舒适圈内，不仅无法提升成绩，还会因为粗心等不可控因素造成"不进反退"的结局。如果一直等待被动输入，放弃主动思考探索，又怎么能将知识植入脑中呢？

无效努力第 4 点：死记硬背。

一遍一遍机械性地背英语单词，一遍一遍机械性地读诗词，甚至一遍一遍机械性地抄历史知识点，看似很努力，实则无法学以致用。难道高考会直接在单词后面留空让我们填释义吗？不结合语境如何懂得一个单词的真正用法？不懂得与前后文衔接、不明其意，如何做到理解性记忆诗词名句？不从内外因等角度学会自己推导，仅凭机械性的背诵，如何能真正理解历史？

无效努力第 5 点：不懂劳逸结合。

困到筋疲力尽，也要继续坚持，认为只要持续付出，终究能打动书上密密麻麻的文字，它们会被感动、会跳进我们的脑海里。但是，清醒后有很大概率无法回忆起犯困时学进去了些什么。如果在犯困时休息10分钟，然后让同桌配合猛拍自己一下，再清醒地学习，会比精力涣散地学习1个小时效果好。

无效努力第6点：不会合理安排时间。

听着听着课、刷着刷着题，突然想到待会儿去食堂该吃什么，或是想到自己偶像参演的电影即将上映……走神的时间总是过得那么快，一想到让自己激动的事情便再也无法停下来。最终，因为走神而产生愧疚感，选择用熬夜学习来弥补，结果影响了第二天的学习精力，形成了恶性循环。

与其在学习时思绪飘荡，凌晨愧疚弥补，为什么不先沉浸于学习，完成任务后再酣畅淋漓地休闲放松？

无效努力第7点：为了某些无用的指标学习。

买遍了各个学霸推荐的资料，买遍了令人赏心悦目的笔记本，刷完的卷子和用完的笔芯堆成了山——这让人拥有了极大的成就感，认为只要马不停蹄地把课堂上老师讲的每一个字都记下来，只要坚持刷很多套卷子，就成功了。其实不是这样的，从另一个角度想，不顾一切地为了指标向前，反而挤占了我们反思的时间、自主思考的时间，最后的学习效果并不理想。

无效努力第8点：不会用错题本。

认为一定要认真对待错题，于是专门买了一本《状元错题笔记本》，仿照书上精美的布局，把自己做错的题一道一道往错题本上抄写；还在重点题目旁画了表情，提示自己要特别注意。

但是，考试时遇到类似的题目，很大概率记不起在哪儿做过或是整理过。原来，它就是那道在错题本里被标记为重点的题目。如果错题本失去了其原本承载的"反思"功能,便也失去了意义。

无效努力第 9 点:抛弃课堂。

认为老师讲课低效,听不听无所谓,一个周末就能补回来;又或者认为老师讲的内容太难,根本不适合自己目前的水平,于是选择回家自学,学自己所需要的。

但是,脱离了学校的学习氛围,居家自学的学习状态可能连在学校的一半水平都达不到。学校的课堂固然是针对平均水平,无法做到个性化,但是那些一直排在前 10 名的同学也不会因为课堂没有针对性而居家自学,因为那样学习的效率并不高。

无效努力第 10 点:无效对标他人的逆袭经历。

看了一遍又一遍不同学长(或学姐)的逆袭经历,一条又一条地比对自己与他们的相似之处,最终发现自己跟他们一样。然后认为,他们能实现逆袭,自己一定也能实现。

但是,当我们需要一遍又一遍地通过他人的逆袭经历来鼓励自己时,不正说明我们目前的付出没有得到正向反馈,需要心理安慰吗?

无效努力或许正在我们每个人的学习过程中潜滋暗长着。无论是谁,无论成绩多好,都无法保证投入的每 1 分钟时间都是科学的、合理的。我们需要通过反思、通过改进让大多数无效努力变为有效努力。

4.1.2 学会正确发力

第一问:如果已经浪费了半天时间该怎么办?

我们需要遵循及时止损原则,在意识到自己"做错"的那一刻马上开始弥补,以减少损失。同时还可以在不影响第二天精力的前提下,给自己一些惩罚——如取消周末休闲计划等,以提醒自己不要再犯这样的错误。

第二问：习惯了为让别人看得懂而耗费大量时间记花花绿绿的笔记该怎么办？

从现在开始，我们遵循记笔记只为让自己看懂的原则，遵循记笔记是为了引导自己思考的原则。记笔记只记思路、关键步骤、关键词，并做到每周用特定时间回顾，结合简洁、逻辑明晰的笔记引导自己进行思考，从而提升学习能力。

第三问：遇到自己无法独立完成的题目时该怎么办？

我们需要尝试走出舒适区，在"死磕到底"与"求助""等待"之间寻求一个平衡，为自己制定合理的应对规则。比如，解析10分钟还没思路就寻求外援，每天至少突破5道自己不懂的题。这样既可以避免停在舒适圈，也可以避免因为"死磕"而挤占学习其他学科的时间。

第四问：一直在"死记硬背"的怪圈里打转该怎么办？

无论是学习语文还是学习英语，是学习政治还是学习历史，我们都需要理解用法、理解含义后再记忆。养成"理解性记忆"的习惯，相信我，你会就此打开高效记忆的大门。

第五问：上课时实在太困了该怎么办？

犯困的根本原因在于不够投入，没有紧跟老师的思维。首先，我们可以预防——无法投入或无聊时动笔做一做本节课程相关习题；其次，可以补救——实在太困的话就以比较隐蔽的姿势悄悄睡几分钟。在此基础上，老师突然提高音量或是同桌猛拍一下，都会让我们这节课再也不犯困。

第六问：学习过程中经常走神怎么办？

走神大概率是因为不够专注，没有沉浸于学习内容之中。不够专注可能是因为学习内容太过简单，也可能是因为太难而在"死磕"的过程中分心。

针对这种情况，可以调整学习内容，通过学习稍加思考才能做出的题目让自己回到状态。当然，更重要的是心理建设。我们需要明白，做完事情后彻底放松休闲，比学习过程中带有负罪感的休闲更让人感到快乐。

第七问：不会整理错题该怎么办？

整理错题只是形式，从错题中学习才是目的。誊抄错题固然是一种方法，但掌握思路、把思路转化成自己看得懂的形式记在便携笔记本上才是更高效的方法。当然，我们还可以在错题上贴标签，如红色标签代表自己常错、重要；绿色标签代表创新题，等等。这样省下来的时间便足够我们做很多相似题型，以达到思考、巩固的效果。

第八问：感觉课堂低效、不适合自己该怎么办？

遇到这种情况，我们可以比课堂内容多做一步。例如，认为内容过于基础、简单时，就结合辅导书对本节内容进行复习巩固。又如，当英语老师与同学讨论阅读题的选项而一直没有结论时，我们可以把这些时间用来消化本篇阅读题中出现的好词、好短语、好句子。再如，感觉内容过难时，可以紧跟进度，记下关键词、思路，课后尝试逐个要点理解、突破。

4.1.3　不要轻视每一分努力

在避免无效努力陷阱与学习正确发力的方式之外，我们还需注意一个问题：不要轻视每一分努力。

我曾经被学弟学妹问过这样一个问题："花大把时间背诵那么多名篇，就为了语文高考默写的那6分，值得吗？"

如果是高中时期，年少轻狂的我会回答：不值得。毕竟我一直认为背《出师表》《岳阳楼记》《醉翁亭记》《送东阳马生序》《逍遥游》《离骚》《阿房宫赋》和《赤壁赋》等文章是一件"费力"的事情。

高考结束后对答案时我发现，自己默写题错了 2 个空，我不以为意——2 分而已，我未曾后悔。

为什么呢？因为我虽然失去了这 2 分，但我还是因为较高的总分，挤进了自己想去的大学。我没有因此而失去选择学校与选择专业的权利。

现在，已经不再年少轻狂的我，再次面对这个问题，我会斩钉截铁地说："值得。"

如果当年我的高考成绩是 678 分，那么我会因为这 2 分与清北错过；如果当年我的高考成绩是 698 分，那么我会因为这 2 分与自己心仪的学院错过；如果我再考得差一点，那么我可能会因为这 2 分错过复旦，错过人大，甚至因为这 2 分排名下降好几百乃至将近一千名。

一整组默写题的满分为 6 分，我们可能会想：6 分而已，却要背那么多篇古诗文，字还难写，根本不值得。

但 6 分可能是什么？

因为低了 6 分，我们可能会面临专业被调剂的风险；

因为低了 6 分，我们可能会跌出清北线；

因为低了 6 分，我们在全省的排名可能会低 6000 名。

当然，有些人可能会想：这 2 分、这 6 分能从其他地方补回来。看似有道理，那为什么我们不能反过来想呢？在学其他知识的同时，挤点时间，如每天睡前 10 分钟，背一背名篇，就可以多挣 6 分。这 6 分，可能意味着本科学校的跨越，可能意味着专业的选择权。

所以，现在的我会在意每 1 分，会在意每一分努力。

当然，有些人可能还会想，这些时间学别的学科、别的知识性价比更高。

我们要知道，虽然背完这些篇目确实不算一件简单的事情，但是如果我们背得滚瓜烂熟，理解每一句话的含义，那么得到这6分是铁板钉钉的事情。

相反，如果我们忽略了这6分，忽略了这一分本可付出的努力，那么我们便可能陷入一个恶性循环：

这6分默写性价比不高，可以丢了；

立体几何这12分对"我"来说性价比不高，也可以丢了；

为了提升5分议论文得分，要记那么多素材，性价比不高，可以放弃。

丢丢丢，"断舍离"真爽！

正因为有这样的心理，我们的总分上限，从750分慢慢地降为了700分，650分，600分……

所以，长大后的我想与大家分享：每1分都不容放弃，每一分努力都不容轻视。

4.2 热情 | 警惕间歇性努力陷阱，长期保持学习热情

无论是"学霸"还是"学渣"，每个人都渴望通过努力提升自己，都渴望得到他人的鲜花和掌声。

那么，为何"学霸"会越来越"霸"，而"学渣"则越来越"渣"呢？"学渣"与"学霸"之间的差距可能会随着时间推移越来越大，原因何在呢？

原因在于"学霸"与"学渣"存在以下传导路径。

学霸：投入有效努力——获得进步和成就、获得鲜花和掌声——更加有斗志、更加投入——单位时间内努力的产出更高（效率提高）——更努力，总体产出更高——获得更多资源，如获得老师的关注和欣赏——单位时间内努力的产出更高（效率进一步提高）——进入良性循环，不断获得努力的正向效益。

学渣：投入无效努力——没有获得预期成效或是成效微乎其微——气馁、跟获得正向效益的人比较后更沮丧——将原因归咎于天赋不够等——懈怠——单位时间内努力的产出更低（效率降低）——越来越不努力，总体产出越来越低——进入恶性循环，坠入努力陷阱。

上述路径其实就是马太效应：强者愈强、弱者愈弱。

那么，我们应该如何走入正向循环中，一步步成为"学霸"呢？

4.2.1 警惕间歇性努力陷阱

写到这里的时候，正逢我弟弟高考落幕。他高考总分为660分，考进了中国人民大学。但我想在此以他为反例，谈谈间歇性努力陷阱。

进入高三时，他曾立志高三一整年不再玩游戏，全心全意学习，改掉拖延的坏毛病。

进入高三的第一个星期，他做得很好，似乎一切都在朝着进步的方向发展。但是这样"打鸡血"的状态坚持到第二个星期便有所懈怠——

上一天课下来好累，晚自习先"划水"半小时休息休息吧；一周学习下来好累，作业和需要学习的内容等周日晚自习再集中解决吧，周六还是用来玩游戏、睡懒觉吧；英语课听不进去，虽然可以用来认真做做英语题，但上一节数学课消耗的脑细胞太多了，还是神游一下放松放松吧……

高三第一次月考，果不其然，他没有进步，成绩不理想。

他开始第一次反思：不该像前几个星期那么"浪"的。然后他做了个详尽的计划，发誓要调整状态。

这一次他坚持了一个月。

但是，第二次月考并没有带来正向反馈——他没有进步，甚至排名还后退了 10 名。

他明白量变引起质变的道理，但第二次月考结束的那个周末，他需要放松、需要安慰。于是，他从周六晚上放学开始就开启了玩游戏模式。果然，游戏能让人忘记压力、忘记烦恼。

后来他觉得：每周末就应该完全用来放松，一周少学 1 天没事的。不知不觉间他"变本加厉"，原本每周日还会用 4 个小时去咖啡厅学习，后来 1 分钟学习时间都没有了。他认为反正进步要靠积累，偶尔失去 1 个小时或几个小时也没关系。

都说 21 天养成习惯，在这之后，他真的养成了高三的学习习惯——

上课听不进去的时候，认为用这 40 分钟放松一下没关系，于是，他养成了上很多课都神游的习惯；

晚自习学累的时候，认为用这 30 分钟放松一下没关系，于是，他养成了浪费半个晚自习的习惯；

刷10分钟视频没关系，于是，他养成了每天回家不停地刷视频的习惯；

某一部分知识彻底听懂了，就认为不用记笔记，于是，他养成了不记笔记的习惯。

温水煮青蛙般，他慢慢习惯了那离目标相去甚远的成绩。他甚至认为自己就是这个水平，并且认为这个水平不算太差。只不过，他还是会做梦，会为他梦想中的"白月光"大学心动。

每每想到这儿，他总会间歇性地努力一阵子，但间歇性努力的成效微乎其微。

一轮复习就这样不知不觉过去了。他在高中最后一个寒假发誓——二轮复习开始，要"重新做人"。但是，他最终还是被自己打败了，高三第一学期的状态，复制粘贴般地再次上演了一遍。

最终，他不再渴望"白月光"大学。因为他知道，以他当时的水平要有很好的运气才能够得着。高考前他安慰自己，"降一级"的大学也不错。最终，他的高考成绩离心目中的"白月光"大学差了15分。

当晚他彻夜未眠。

他开始反思，如果字写得工整一些，如果一开始就重视这个问题，简答题的得分也许会不一样；如果他高三学得认真一点，基础知识再扎实一些，也许就不会做错那2道基础的综合选择题；如果不在英语作文上得过且过，把字练工整一些，也许作文就不会被扣那么多分……

他后悔的是，他本可以，但他没有；因为拖延，他没有；因为得过且过，他没有；因为间歇性努力陷阱，他没有。

很多人会在不同阶段不知不觉坠入这样的陷阱，在引以为戒的同时，我们也要从正面思考一番：要如何才能长期保持学习热情。

4.2.2 接纳并正视高中的"难"

长期保持学习热情的第一个要点，便是接纳，并正视高中的"难"，从而迎"难"而上。

的确，高中很难，难在哪儿？又如何突破囚笼呢？

高中的难，难在我们需要接纳自己，接纳自己的普通。

如第 1 章中所述，我顶着光环进入高中，并且认为自己可以"沿袭"初中时期的光环。可实际情况是，第一节数学课我就没听懂。而且经过一段时间的努力，我也未收获理想的成绩，物理成绩在及格线徘徊。

渐渐地，我接纳了自己课堂上很可能听不懂的现实，学会了速记板书上的思路和方法，明白了无论是推导还是解题，要在当天结束之前把原理想明白或是问明白。同时，我也习惯了每天一题不漏地把数学作业中的题搞懂，习惯了每天结合课程进度做不少于 15 道数学题。经过三个多月的努力，我把数学扭转成了自己的优势学科。

如果在那段听不懂课的时间里，我没有把每一天的学习内容及时搞懂，没有认真做完老师布置的所有作业，没有在反复模仿中想清楚数学原理，那么结果会完全不一样。

接纳自己不太高的水平很重要。在接纳自己的水平后，不拖延、及时消化吸收更重要。毕竟高中三年的时间足够我们解决很多问题。同样，每一天都拖延也足够我们积累很多问题，直至积重难返。

我也明白了，在未来的生活里，每一次发现自己天赋不足的时候，埋头苦干才是对自己最大的褒奖，才能让自己在这个过程中不断蜕变。

发现自己不优秀并且付诸行动，也是变得更优秀的开始；发现自己不优秀却选择无视甚至拖延，也是变得更不优秀的开始。

高中的"难"，也难在等待——等待自己慢慢突破瓶颈期。

大多数资质平庸的人，从投入到收获需要经历相当长一段时间。而等待，意味着在这段时间内，我们需要忍受付出却没有收获甚至还会倒退的结果。

如前文所述，高三下学期，我在文综上的短板尤为突出。而分析问题的思维也不是一个月就能养成的，因此，我于高考前最紧张的时段经历了成绩的"打压"：从高三上学期连续考了三次年级第一，到下学期屡次因为"掉链子"的文综而导致排名挤不进前10名。

但除了沿着正确的方向继续努力、耐心等待，我又能怎么办呢？

高中的最后一个学期，我花了一个月的时间把整本通史读完，在读的过程中梳理史实的前后联系，难以记住的便贴个标签反复阅读。我还花了两个月左右的时间把近十年的高考真题研究了一遍，积累了不少课本上没有的概念。

这些努力并没有换来模拟考的进步。但我选择在漫长的黑夜里继续前行，最终换来了高考文综286分。

高中的"难"，也不只在于学习。在多愁善感又追求自我的年纪里，我们都免不了困于各式各样的人际关系难题中而无法自拔。

我曾困于别人的目光。

高一上学期挣扎的日子里，我曾经想过，一直以我为骄傲的父母面对我这样的"退步"会怎么看我，父母曾经的"炫耀"对象会不会幸灾乐祸；亲戚会不会对我大失所望，以前的老师和同学又会怎么看待我？

一旦把自己困于他人的目光里，就会像坠入深井一样，四周黯淡无光。

成年后的我渐渐明白了，除了父母至亲，没有谁真的会在意我们的生活，没有谁真的会在意我们的得意与失意。关于我们的一切，顶多只会成为他人茶余饭后的话题，并且也只是偶尔谈起而已。

甚至，父母至亲的在意也只是希望我们未来的生活可以更好而已。那么，我们为什么要让自己背上那么多来自外界的包袱呢？在艰难的学习过程中，如果我们想着的是现在的艰苦是为了未来有能力见识诗与远方，那么也许学习的动力会更强一些。

我也曾困于孤独。

因为高一时期不够理想的成绩，也因为高中时期单维度的评价标准，我也曾经历过一段时间的不自信与孤独。

但其实孤独也没什么不好的，起码它能让我们专心致志地做某件事。很多自己铆足了劲儿想要做好的事情，一旦分享出来，我们就失去了很多动力。

并且，摆脱孤独其实是一件轻而易举的事情。高中的人际关系并不复杂，当我们与前后桌分享自己的东西时，如小零食、解题思路等，我们便摆脱了孤独。当然，前拥后簇不意味着不孤独，形单影只也不意味着孤独。我们总会需要独自解决很多问题，只要无助时有一个倾诉的渠道，就不算孤独。

我也曾困于家庭关系。

父母每周定期的争吵曾加剧了我在高中"失意"期的崩溃。这对于高中时期的我而言，是一个无解的话题。我只想着"逃离"，认为或许长大就好了。

直到我进入大学，变得成熟了一些，我发现在家庭生活中，其实也是需要话语权的。譬如，高中阶段我们还在父母的庇护下，父母只会把我们当小屁孩对待。但等到我们慢慢经济独立，逐渐有了话语权，此时再去说服父亲母亲，做他们的协调者，他们就会选择听我们的劝告。

所以，无论原生家庭如何，我们都可以靠自己因强大而拥有的话语权、更加成熟的心态，以及自身情感经历带来的一些经验，成为家庭关系中的调和者。

高中的确很难，但难其实是长大后生活中的常态。接纳这些难处，克服这些难处，是保持学习热情的第一步。

4.2.3 长期保持学习热情

对于长期保持学习热情的第二个要点，我想分享几个关键词：仪式感、成就感与松弛感。

为自己营造一个良好的学习环境，便可以营造良好的学习仪式感。我们可以将学习环境分为长时学习环境和短时学习环境两种。

长时学习环境的典例为班级环境。

一个班级的学习氛围会在很大程度上影响我们的学习热情——学习氛围包括总体努力程度和总体竞争强度。如果在一个总体努力程度很高的班级，我们自然会被推着前行。当然，即使班级努力氛围不够好，我们也可以通过自律好好努力。但是，就我个人的体会而言，其实对我们产生更大影响的是班级竞争的激烈程度。竞争强度往往意味着班级平均水平，身处平均水平更高的班级，我们的下限往往也会更高。

如果我们所处的班级努力氛围不够好，我们通过自己的努力在班级排名第一，我们没有对手（甚至在学校里也找不到对手），这固然是好的。但是这很可能从侧面反映出了我们所处的班级或学校竞争强度较低。在这种情况下，我们需要将自己置身于更广的竞争环境中，找准自己的定位，也就是去看看更广的世界。很多时候，长时学习环境不是我们能改变的，但"往外看"的意识是我们每个人都可以拥有的。

短时学习环境的典例为周末假期的学习环境。

根据我个人的经验，如果有条件，那么去学习氛围浓厚的咖啡厅、图书馆能够大幅提高我们的学习幸福感和效率。毕竟，如果一味地宅在家里，我们可能会不知不觉开启"放肆"模式。

说到成就感，我又要稍微提及本节开篇提到的"学霸"与"学渣"不同的传导路径。我们每个人最初都会在学习上投入足够的努力，因为人心本是向上的。但是，有的人通过努力收获了成就，从而更努力；而有的人却没有达到预期，从而灰心丧气甚至沉沦。从中我们也可以看出，成就感对我们持续保持学习热情而言是至关重要的。

但假如我们身处努力了却得不到预期成就的瓶颈期，那么要怎么办呢？

这个时候，我们要聚焦于微小的成就感——今天学会了一个新知识点，我胜利了；今天做了10道自己之前做不出来的习题，我太棒了！

此外，微小的成就感也来源于将待办事项逐一完成的过程。我们可以享受在计划表中列出任务，然后通过自己的努力把任务一项一项完成的过程，这种成就感和充实感也能促使我们进一步更好地完成计划。

宏大的成就感，也就是飞跃的分数与排名，往往需要无数个微小的成就感堆积而来。大多数人无法坚持下去，就是因为没有体会到成就感。

所以，我们一定要学会享受当天学会新知识、新方法的微小成就感。

那么，松弛感又是什么呢？

松弛感，即松弛有度，注意休息。

我们可以将周末时间分为学习时间与休闲时间，学习的时候全身心投入，休闲的时候亦然。

在校期间，我们可以结合自己的个性保持合理的松弛度。以我个人为例，在很多同学捧着书利用运动会、体育课等时间学习的时候，我会享受休闲时间。同时，在下午最后一节课结束后到晚自习开始前这段时间，我倾向于在吃完晚餐后到操场吹吹风，吹散久坐于教室中的烦闷感，为投入晚自习的"战斗"带来"清醒的头脑"。毕竟，琴弦如果过于紧绷就会断。

4.3 效率 | 我是如何提高学习效率的

我的后桌曾经非常好奇：为什么我在高三时期能够做到在第一节晚自习结束之前便完成当天的作业。

其实除了高一第一学期的适应期，整个高中的晚自习，我都能留出至少 2 个小时完全自主分配的学习时间。相比耗光晚自习的时间仍然做不完作业的同学，有了这些富余的时间，我便可以得心应手地去攻破自己的劣势学科。

能做到这一点，离不开较高的学习效率。那么，提高学习效率有哪些方法呢？

4.3.1 "一箭多雕"的策略

我在前文中谈过，不要轻视每一分努力，譬如，不要轻视语文默写题的 6 分。

进一步讲，我们完全可以采取"一箭多雕"的策略，在背文言文、古诗词的时候做到阅读、写作能力同步提升。

如何做到同步提升呢？以拟取作文标题为例。

在写"自立与借力"的辩证主题的作文时，我们可以借助《劝学》中的"骐骥一跃，不能十步；驽马十驾，功在不舍"，拟取标题《乘以骐骥，踏于青山》。

在写"我们要有不屈的灵魂"主题的作文时，我们可以借助《离骚》中的"鸷鸟之不群兮，自前世而固然"，拟取标题《鸷鸟不群，灵魂不屈》。

再以议论文正文写作为例。

在写"青年需要勇于承担家国责任"主题的作文时，我们可以借助辛弃疾《永遇乐·京口北固亭怀古》中的"想当年，金戈铁马，气吞万里如虎"。

"气吞万里如虎"，遥想稼轩时值壮年，金戈铁马，为家国的荣光而奔赴。这般地气壮山河，这般地英雄气概，这心、这魂，振古如兹！吾辈青年又何不需将这一份气魄永传承？

在写"中华文化博大精深"主题的作文时，我们可以借助白居易《琵琶行》中的"大弦嘈嘈如急雨，小弦切切如私语"。

听，那是中华文化扣人心弦的乐章："大弦嘈嘈如急雨，小弦切切如私语。"一颦一笑，轻拢慢捻，便谱写了一曲无尽的历史长歌。

所谓"一箭多雕"，就是用心学习每一个知识点，将其与其他知识连贯拓展，减少重复步骤带来的效率损耗。曾经有一位学妹询问我她的每日计划（见图4-1）是否合理。

> 语文：素材积累、现代文、古诗文、文言常识、实词虚词及句式、文言文
> 数学：专题训练、小测答案整理、老师课上讲的题重做
> 英语：做套卷、作文语言积累
> 政治：背书、大题训练、选择题训练
> 历史：看思维导图、选择题训练、大题答案整理
> 生物：选择题遗漏知识点回课本复习、背大题答案、教辅知识点记忆
> 每天睡前：回忆今天一天所学知识

图4-1 每日计划

事实上，这份计划有诸多可以改进之处，很多学习内容可以做到"一箭多雕"。例如，语文学科的文言常识、实词虚词及句式和文言文其实可以三者合一，我们完全可以通过仔细解读一篇高考文言文原文来解决这三个问题。这样，我们规划出午休前20分钟左右的时间即可实现3项突破

英语学科的作文语言积累其实可以融入做套卷的过程中，因为在阅读的过程中，我们通过阅读文本与答案解析便能积累一定数量的好词好句及表达句式。

政治学科的背书其实可以通过第 2 章中谈及的有效读课本与梳理知识一次性解决。我们在背书的同时还需要做到理解，摆脱死记硬背。这样，我们就没有必要每天花半小时在无效背书上了。

由此可见，掌握好"一箭多雕"策略，我们完全可以用一个小时学出两个小时甚至三个小时的效果。

4.3.2 保持精力的策略

精力缺失在大多数情况下的表现为困倦，比如，听课犯困了，刷题撑不下去、睡着了。

一般情况下，困倦的原因有两种。

一种是精力确实不够、睡眠不足（前一天晚上睡眠时间不足 7 个小时）。针对这种情况，我建议先睡一会儿。

不过值得注意的是，不要躺在床上、沙发上睡，否则会一睡不醒。我们可以买一个睡眠"神器"趴在桌子上睡——小憩 20 分钟左右后醒来，人的大脑是最清醒的。

我通常的做法是听着舒缓的音乐小憩一下，设置 30 分钟定时关闭音乐。一般情况下，音乐一停我就会比较"自觉"地醒过来。

另一种是注意力不集中，大脑皮层不够兴奋。处于无所事事的状态下，人自然容易犯困。比如，我在漫无目的地翻阅政治课本时会倍感无聊，自然容易精力涣散，从而犯困；在同样的时间段，我上其他课也容易犯困，但上数学课却因为紧跟老师的思路、一直保持注意力的高度集中，几乎从不犯困。

针对注意力不集中,我们应该如何"破局"呢?

方法一:定时切换学习内容,科学安排各科学习时间,让大脑不断接收新的"兴奋"点,享受多种"刺激"。

方法二:记笔记、整理思维导图。比如,看政治课本的时候把课本的设计思路捋清楚、整理出思维框架;听数学课的时候记下老师的解题思路,等等。记笔记也是排遣困倦的一种好方法。

精力充沛,我们在学习的时候才不会营造出假努力的氛围,才能提高学习效率。

4.3.3 "计划而行"的策略

顾名思义,"计划而行"即学习有规划——无论是一天 10 个小时的学习,还是一个月、一整个学期的学习。那么,如何做规划最有效呢?

洛克定律告诉我们,当目标既是未来指向的,又富有挑战性的时候,它便是最有效的。我们可以为自己制定一个总的高目标,但一定要为自己规划更重要的实现目标的步骤。

什么意思呢?我们可以设定总目标——本学期提升 30 分。但是,我们不能设定完这个目标就将其搁置,还要规划为了实现这个目标,每个月要完成什么、每周要完成什么、每天要完成什么。

也就是说,我们要有"总体目标——月计划分配——周计划分配——日计划落实"的层层深入的缜密计划。同时,在执行日计划的过程中,我们要学会享受清单上一个个条目被自己完成的快乐。

在这个过程中,我们千万别想着一步登天,而是要多为自己设定几个不同高度的目标,然后一步步地去战胜它们。久而久之我们就会发现,自己已经站在了成功之巅。

除了在校期间的计划，我还有一些关于假期"计划而行"的策略，在这里分享给大家。

我做的高三时期假期计划已经找不到了，不过，我通过回忆模拟了一份，如图4-2所示。

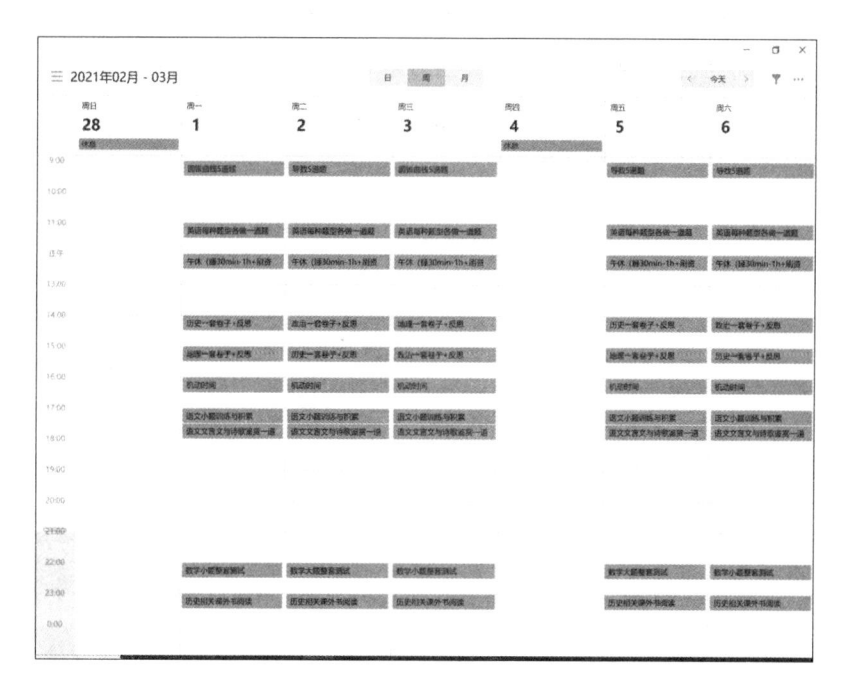

图4-2 假期计划

我们要如何科学地制订假期计划呢？有以下几个原则。

第一，留出一定的机动时间。所谓机动时间，就是我们可以灵活调配的时间。我们往往会因为任务难度、个人状态等原因，不确定自己能否准时完成任务，所以可以设置机动时间以灵活调整计划。从图4-2中可以看出，16:00—17:00是一个小时的机动时间。如果我两个小时的文综任务拖延了，就可以在机动时间内继续完成；如果我提前完成了文综任务，就可以把机动时间之后的语文任务提前，从而换来下午更多的休息时间。

第二，开始学习时，我们可以通过做自己喜欢、擅长的事情让自己慢慢进入状态。譬如，在图 4-2 所示的计划中，上午我会以做导数或圆锥曲线题开启学习，下午以做文综卷子开启学习。因为对于我而言，做语文任务和英语任务会给我一种虚无感——这两门学科是我不擅长的，并且需要长期积累，我很难从零碎的任务中收获成就感。但数学和文综于我而言就不一样了，我做完较难的数学题或搞懂较难的数学题，会开心，会有成就感，开心和成就感会促使我更有信心完成接下来的任务。但需要注意的是，每个人喜欢和擅长的东西不一样，如果你一做数学题就"头大"，那就不适合让数学"一马当先"了。

第三，晚上可以找一些"有营养"又"致困"的事情让自己尽早入睡。我会安排自己看枯燥的历史书籍，这对学习有用处，但也会让我很快睡过去。通过这样的方法，既能学到一定的知识，又能让自己保持良好的作息。

第四，一定要注意，每个人假期需要完成的任务是不一样的，我们只能掌握一些做计划的原则，但是不能照搬别人的计划。我为何会在高三寒假做这样的计划呢？因为当时我缺乏的是发挥的稳定性，所以我并没有规划时间进行逐章节回顾（如用四天时间做三角函数，用四天时间做立体几何）。我们需要根据自己所缺的要点来安排整体任务。

4.3.4 居家学习的策略

都说假期是查漏补缺的最佳时期，毕竟假期短则三两日，长则十几天甚至一个多月，我们可以做很多事情。

对于我而言，不得不承认，绝大多数时候，我的假期或者说居家时间是被完整浪费掉的，甚至包括本科毕业那年，因新冠肺炎疫情居家写毕业论文的那段时间。不过我在某些假期成功做到了自律，用假期时间查漏补缺，如高三的寒假——也不知自己哪来的定力，即便是大年初一，我也能坚持刷圆锥曲线和导数题。

那么，如何在假期保持定力，制订合理的计划，高效地居家学习呢？我将结合自己成功的与失败的例子，给大家一些建议。

2020 年 2—5 月，是我居家完成毕业论文的时期。大四的最后一个学期，我没有返校的机会。

原本我做了密密麻麻的计划表，包括看课外书、学英语、查资料看文献、提前一个半月写完初稿向导师请教修改意见。但这些计划竟无一实现，毕业论文也是踩着 Deadline（最后期限）完成的。

为什么呢？我后来进行了反思。

第一，新冠肺炎疫情期间闭门不出，穿睡衣成了我 24 小时的常态。一整天穿着睡衣，也不认真打理形象，无疑会给自己一种心理暗示——今天很轻松，不必加以重视。如果我们希望居家的日子能够干点正事，就应该保持学习或是工作时的形象。

第二，作息混乱，"修仙"至夜半，临近中午我才能艰难起床。在学校期间，有统一熄灯的制度，有室友规律作息的影响，我不会过晚入睡，也不会过晚起床。但长期在家，我晚上玩手机到很晚才入睡，进一步导致早上起床艰难。由此可见，我们需要严格控制时间。高中时期的假期，我们可以跟父母约定好一个时间（如晚上 11 点半）上交手机，这样才能保持作息规律。

第三，学习环境太过舒服，我容易松懈。在写毕业论文那段时间，我要么在卧室的书桌前学习，要么在客厅的沙发上捧着电脑学习。但是，卧室的书桌配备的是躺椅,当我因为某个难点而开始"葛优躺"着思考之时,意味着我舒服得再也不想起来;客厅的沙发就更糟糕了,我捧着电脑半躺在沙发上看专业文献,十分容易犯困,再加上猫咪们喜欢枕着我睡午觉,这样一来,我有时会因为自控力不够,从下午3点开始睡午觉直至天黑。建议在家学习时,规划出一片专门的学习区域,它需要安静,且不能过度舒适——跟学校的书桌椅配置最好保持一致,一定要避免适应舒适的靠背椅,端正姿态也是避免犯困的一大良方。

第四,计划表溢出,第二天起床看着过于严格的计划表便知难而退,怀着"死猪不怕开水烫"的心理想:反正起晚了,不可能完成了,今天好好玩,明天再开始。这样的心理日复一日,最终假期结束了,我却一事无成。所以我们需要明确,计划要有所"松弛",假期应该规划出足够的时间用于休息,不要对自己期待过高,不要期望自己能拥有在学校一般的学习时间和自控力。一般来说,假期间能保持每天6~8个小时的高效学习已经足够。

同时,我们也要注意休息时切忌做让人沉迷的事情,如玩游戏、追剧,因为如果没有足够的自控力,那么第一次休息的时候就是我们当天计划中止之时。除此之外,也要摒弃"死猪不怕开水烫"的心理。如果已经浪费了半天光阴,我们该想的并不是用剩余半天时间好好玩。亡羊补牢,为时不晚,我们从下午开始努力,起码这一天不会完全被浪费掉。试想,如果我们已经错过了高中的前两年,那么我们应该努力用最后一年去尽力弥补还是干脆放弃?如果就此放弃,那么我们只会被继续努力的人远远地抛在身后;如果我们尽力弥补,则可以争取比现在更好的结局。

当然,除了上述失败的经验,我也有一些成功的经验与大家分享。

还是以我居家写毕业论文的时期为例。我曾经有过一小段时间的高自制力,有一些"独特"的经验分享给大家。

第一,"清理"自己的朋友圈。无论是 QQ 空间还是朋友圈,我相信大家的动态里总有人每天"凡尔赛式"地晒天南地北地玩,也有人每天"凡尔赛式"地晒自己做某正事、学习某内容的进展。我在一段时间内,屏蔽了每天吃喝玩乐的人的朋友圈,留下了一些每天晒学习、晒科研、晒论文进展的"大神"。结合我每天玩手机的第一件事情就是刷朋友圈的习惯,我每天都会看到比自己优秀的人比自己更努力,以此逼迫自己更加努力学习。

第二,每晚定时把闹钟(即手机)放到房间的不同地方,然后把闹钟的声音调到最大,同时把铃声设置为自己最受不了的声音或是能让自己充满精力的声音。这样,第二天早上在闹钟以我难以抵抗的声音"鬼哭狼嚎"时,我就不得不爬起来去寻找它并关掉它。在这个过程中,我基本已清醒过来且成功起床。

第三,学会享受充实带来的快乐。我相信大家都曾经有过这样的感觉:连续玩好几天,会内心充满负罪感,会有迷茫感和空虚感。为什么呢?因为一事无成。相反,如果我们一天学了很多东西,做了很多正事,我们就会觉得很充实、很快乐。第一天努力学习带来的充实感和快乐,带来的成就感,会促使我们第二天铆足干劲儿继续学习,这样,我们就能慢慢养成习惯,走向变为"学霸"的正向循环。

4.4 习惯 | 坚持就会收获好结果的学习习惯与生活习惯

学校的学习生活很繁忙，课堂上的作业仿佛永远也做不完。可是我们都知道，学校的作业是根据平均水平而定的，而我们可能在平均水平之上，或是平均水平之下。因此，我们每个人都需要有一些解决自己个性问题的时间，哪怕一天拼凑起来仅有短短 30 分钟。

那么，每天 30 分钟的零碎时间具有力量吗？30 分钟又可以做什么？

先拿语文举例。高考语文一共有四种题型：作文、古诗文、现代文、语综。如果我们掌握了恰当的方法，那么用半年的时间，每天花 30 分钟攻克一种题型，平均每种题型哪怕仅提高 2.5 分，语文总分就可以提高 10 分——听起来，是不是也没那么难？

数学同理，用半年的时间，每天花 30 分钟攻克两道选择题（或填空题）或是一道大题，就会多出 10 分或是 12 分……

每天花 30 分钟，坚持一年、两年，甚至三年，便可以收获提高几十分甚至上百分的结果。或者说，至少能让我们比昨天更好。

这也反映了习惯的力量。

那我们要养成什么样的习惯呢？

4.4.1 警惕积重难返陷阱

在谈好习惯之前，我们先来反思一番日常学习和生活中常见的坏习惯。好习惯的养成会让我们"平步青云"，而坏习惯的养成则会让我们积重难返。

大学时期，我所学的专业有一门专业课，叫"中级微观经济学"。在清华大学，这样的专业课一般会连着上 3 小节，每节 45 分钟。

我一直是一个喜欢自学的人，我喜欢自己研究课件。可是经历一次小测之后，我发现自学对这门课不适用——我考得一塌糊涂。因为一直自学，我对全英文的概念理解不透，对图像的意义理解也不透。于是我决定好好听课。

在我刚开始认真听课的那一周，第一小节课程我一直听得懂。我也突然发现，听课比自学的效率高多了。于是我更加坚定了要好好听课，我做到了整整45分钟全神贯注——这样聚精会神听课的经历，于我而言只在高一最难的数学课上出现过。

全英文的讲授与课件、教材加大了学习难度，到第二小节课程，教授介绍了一个新的概念，叫"endowments"，我一晃神便没有听懂，看了课件上的解释还是不懂。奈何，这个概念贯穿余下两小节课的内容。这一重要关卡没通过，在接下来整整90分钟里，我只能"听天书"。

于是我便能体会到听三年"天书式"数学课的高中同学的感受了，我正在经历这种"折磨"。

"中级微观经济学"和数学类学科一样，一环扣一环——这节课没听懂，下节课也别想听懂了。

"中级微观经济学"课堂上，第一小节课程，我能够聚精会神，跟着课堂节奏走。既因为45分钟的时间不是太长，也因为我没有碰到难以理解的概念、知识。

从第二小节课开始，我为什么就听不下去了呢？

第一，时间长了。集中注意力超过1个小时后，我的精力便会涣散。第二，难度高了，这也跟精力涣散有一定关系。

其实这跟听一节45分钟的数学课是一样的道理。

前1/3的时间段里，我们聚精会神，不困、不走神，能紧跟课堂节奏思考。但是这之后呢？老师讲解愈发深入，我们集中了15分钟的精力，开始有些累了，于是精力开始涣散。恰好这时候，与一个难点"撞个满怀"，我们就听不懂了。

两个因素相结合，剩下的30分钟里，我们便不幸开启了"听天书"模式。

再次回到我的"中级微观经济学"课堂上。

假如我因为太忙或太懒，在下一次上课之前没有安排时间把上一次课的后两小节课的内容搞懂，那么会迎来怎样的结局呢？不出意外的话，下一次课我也听不懂。一环扣一环，往后的每节课对于我来说都会成为"天书"。

那么，什么时候我会重视起这门课来呢？考试前。毕竟再怎么不懂也不能挂科。

我进行考试前的突击后，发现内容特别多、特别难，最终的结局便是我的"中级微观经济学"的成绩在及格线徘徊。

高中数学等学科的学习也是一样的道理。某一节课我们没有听懂，恰逢那天其他学科的作业太多，或者那天自己比较懒，什么也不想做，于是，到下一节课、下下一节课，我们一直处于学不懂的状态，这样就进入了恶性循环。

直到考试的那一天，我们发现自己学不动了。

所谓数学差，其实就是从一个听不懂却没有及时解决的问题开始，进入恶性循环，最终导致积重难返。

到这里，我们再进行一个正面的假设。

如果在听不懂"中级微观经济学"课的当天，我于百忙之中抽出时间搞懂后两小节课的内容，不搞懂就不睡觉。以后只要遇到听不懂的课我都这样对待，那么，在面对考试的时候，我的成绩会和课堂上当即听懂的同学有较大的差距吗？我想应该不会有太大差距。

是的，我们要承认，人和人在学习不同的新事物时的反应速度是有差距的。我们要承认有些同学能集中精力听 45 分钟的课程，而我们可能只能集中 15 分钟精力；有些同学能在课堂上听懂全部内容，而我们可能只能听懂 1/3 的内容。

在这样的情况下，如果我们没法做到每天坚持弥补落后的距离，又怎能逃脱积重难返陷阱，做到与诸多同学一起跨越终点线呢？

坏习惯导致积重难返，而好习惯则相反。那么，又有哪些值得我们坚持的好习惯呢？

接下来我将从校园学习、课外充电与生活细节 3 个方面进行分享。

4.4.2　关于校园学习的 5 个好习惯

好习惯 1：听课的时候追随老师的眼神，迅速记下关键词。

我也是从往届学长、学姐的分享中听到这个方法的。追随老师的眼神实质上也是一种与老师"交流"的方式。一方面，这会让我们得到更多的关注，因为老师最终会发现课堂上有这样一位认真听课的好同学；另一方面，也是更重要的，这样我们便不容易分神，从而培养起听课的兴趣。当然，在追随老师眼神的过程中，伴随大脑的思考、手写关键词的速记，会让我们彻底摆脱课堂困顿。

好习惯 2：当周事当周毕。

刚上高中时，各科所学内容的难度都"过山车式"上涨。学习难度变高，学习内容增多，学习压力变大，面对这些难关，一不留神我们便容易输在高一起跑线上。我经历了一个漫长的听不懂数学课、听不懂物理课的过程。但是，通过利用每周末的时间把当周没学懂的内容"消化"掉，虽然我学得不出色，但起码没落下基础——这对于后期翻盘而言至关重要。所以，课堂上听不懂没关系，但一定要当周末解决问题。如果拖欠得越来越多，我们最终只会产生"厌学心理"，积重难返。

好习惯3：每天坚持学会3道自己不懂的题目，突破舒适圈。

所谓舒适圈，就是在自己能够轻易掌握的题目中打转。但如果我们不向更高难度的题目进军，又如何争得自我认知外更多的分数？为此，我采取的让我受益的方法是，在困难学科上（如数学、物理），每天坚持通过"骚扰"前后桌同学等方式弄懂3道自己不会的题目。3道题目看似很少，不会占据我们太多的时间，但我们来算一笔账：

3道题×265天（在校时间）×3年=2385道题

2000多道自己不懂的题，能够涉及多少知识点、占据多少分数，就无须再计算了。

好习惯4：给同学讲题。

这一习惯的好处，是我在高三才体会到的。高二、高三时期，我的数学已经达到了班里较高的水平，但总会在130~148分起伏。直到数学老师出差一周，将讲卷子的任务分配给我。为了讲清楚题目，我主动思考如何通过不同的方法解题、用不同方法的原理是什么。

以往我的学习方式总是听讲，也就是被动输入；但从那以后，我的学习方式变为了主动输出。毕竟让别人听懂，是真正检验自己思维逻辑的绝佳机会。同时，这也是一个增进友谊的机会，让自己成为同学提问的中心，会给我带来巨大的成就感和学习热情。

好习惯 5：用零碎时间搞定语文和英语。

初上高中时，因为以往的不重视，相较于高手而言，我的语文和英语成绩与他们存在巨大的差距。让我记忆很深的是，高二第二次月考，我考了高中以来最好的名次——年级第 2 名，比第 1 名低了 10 分，但是我的语文比他低了 20 分。我这才意识到，被大家普遍忽略的语文才是高阶选手的决胜场，因为其他学科有客观答案，大家的差距无法拉开。但其他学科的学习难度也更高，需要占据更多的时间。那么怎么在不耽误其他学科的情况下抓住语文和英语这 300 分呢？

因为语文是"得选择题者得天下"，所以我每天用一个课间时间刷一套语文选择题。后来发现刷多了、有感觉了，错误率可以无限趋于 0。因为英语的本质是一门语言，所以我每天用两个课间的时间完成两道阅读题，并积累相关的词汇、短语、句式表达，每天用睡前的 20 分钟记单词、读例句。我用午休前的时间积累文言文，用晚上睡觉前的时间记单词，用课堂上、课间的时间做阅读题，用周末的时间积累作文素材、进行写作练习。最终，在没有挤占其他学科任何学习时间的情况下，我实现了语文和英语成绩的提升。

4.4.3 关于课外充电与生活细节的 5 个好习惯

其实高中的学习不仅限于课内学习、校园学习。无论是因为新冠肺炎疫情居家期间，还是小长假、寒暑假，我们起初都会怀着一颗好学的心，准备居家"大干一场"，但最终却会被拖延症、网络、电视剧等"怪兽"打败。

同时，我们都明白掌握一些课外知识的必要性，学习不局限于课本，才能更多地了解世界、认识世界，拓宽思维会促进我们课内成绩的提升，但最终了解课外知识的计划也会因为各种原因搁置。

所以，接下来我先分享2个关于课外充电的好习惯。

习惯1：10分钟定律。

居家学习的时候，我们总会陷入各种娱乐项目而无法自拔，或者被温暖的被窝紧紧束缚住。于是，在愧疚心的驱使下，我们总会说"待会儿就去学习"。但是，一次又一次地"待会儿"后，1天、10天、20天、1个月就这样悄无声息地过去了。

针对这种情况，不妨把"待会儿"改成"学习10分钟"。比如，沉浸于安乐乡无法自拔的时候，对自己说，马上去学习10分钟就好。接着，我们会惊讶地发现，万事只是开头难，坚持10分钟后，我们不知不觉就进入学习状态了，从此沉迷学习无法自拔。

习惯2：通过看课外书、纪录片、电影、慕课等认识世界。

我们习惯于吐槽现行的应试教育，但当我真正进入清华校园之后，我才发现，那些高考成绩优异的同学，往往也是精通琴、棋、书、画的全能选手。真正束缚住我们的或许不是考试制度，而是一定的经济条件和缺乏自主探索的心，后者所占份额更大。实质上，假期时间里，我们可以用一半或是1/3的时间看课外书，看有关科学或是人文的纪录片，看具有深度的电影，看免费的慕课等。

好的生活、人际环境有助于我们心无旁骛地学习，促进我们学习状态的提升。所以，接下来我将分享3个关于生活细节的好习惯。

习惯1：每天记录自己值得赞扬的3件事情，以及需要改进或是做得不足的3件事情。

在"压力山大"的学校里，我们要学会表扬自己，每天记录3件自己做得很棒的事情。这样既能鼓励自己再接再厉，也能让自己更加自信。当然，不能一味地夸奖，与此同时还要记录自己做得不足的、可以改进的 3 件事情，这样会督促自己第 2 天做得更好。同时，这些记录也是一本价值连城的青春回忆录。

习惯 2：对世界报以善意。

这不是一句鸡汤，这是我亲自实践过的能够促进我们身心与学习的事情。回家的路上，给陌生人一些微不足道的帮助，喂一喂流浪猫和流浪狗，在街边买东西时对和蔼可亲的摆摊老奶奶或老爷爷笑一笑，这些举动能够一扫我们在学校的紧张、不如意，能够驱散一周的负能量。带着良好的心情，学习都会变得快乐。

习惯 3：主动分享。

跟周围的同学主动分享零食，分享正能量的事情，分享好的学习资料等。对于 99% 的人而言，分享是相互的，我们不要以为分享了学习资料后对方就会超越自己，因为对方也会给我们分享好东西。这样一来一往，分享和坦荡成为友情的增稠剂，在良好的、积极向上的班级环境里学习，成绩想不提高都难。

第5章

三大主科学习方法的养成

5.1 数学 | 数学提升与补救方法全论

我从小就是数学天赋极低的人。

五六年级时期,我听了整整两年数学课都没能学会画线段图和做应用题。至今我仍然记得:六年级的一堂数学课上,全班同学正在做课堂上的训练题时,数学老师俯身对我说:"苏静颖啊,你的数学还是不行。"

的确,我曾经是一个不折不扣的数学"学渣"——高一时期很多数学课听不懂,都是利用课后的时间一点一滴"啃"下来的;学到新知识的时候并不能像别的数学分数很高的同学一样马上"消化",我需要在内心打磨一阵子;大学的时候数学学得并不轻松。

后来,那个曾经被数学老师认定"数学不行"的我,那个曾经陷入数学的困境与迷茫中的我,中考时数学获得了满分,高考时数学获得了全省单科第一。

那个反应迟钝的我,是怎么做到的呢?是因为我突然领悟了某种绝妙的数学学习方法后,成绩迅速提高了吗?并不是。相反,我运用的方法是最"笨"的方法。

第一,学习新知识过程中做到当日事当日毕,当天理解课堂所学与教材中的推理过程,当天做完并理解配套的同步练习题。

第二,即使没有收获也从不质疑努力,我还额外买了一本教辅刷题。注意,一本教辅就够了,从头到尾把一本教辅"啃"完比堆积多本教辅且每本挑着做效果好得多。

5.1.1 当日事当日毕

"当日事当日毕"要求我们做到两方面:学习新知识当天就把原理搞懂,

把原理搞懂后至少做 20 道配套练习题。

为了做到这两方面,我们需要解决两个问题:要怎么学原理?时间不够怎么办?

那么,我们要怎么学原理呢?

我们都知道"奇变偶不变,符号看象限"的口诀,但是它是怎么来的呢?如何推导呢?很多定理、约定俗成的口诀的推导过程,就是我们需要掌握的原理。

其实高考也不考推导过程,但为什么要懂呢?

第一,懂了才更容易记住,懂了才不会忘。比如,作为一个立体几何的初学者,我们可能会对各类线、面、面面平行和垂直的切换感到苦恼。但如果我们把桌面、书本等当作平面,把笔当作直线去"试验",这样结合实例就可以明白诸如"面面平行不能推出两个面内任意线相互平行"的道理。接下来再理解课本中的推导过程,这样想忘记都难,因为我们往往会对自己不太能轻易获得的东西记忆犹新。

第二,懂了才能灵活应变、触类旁通。比如,我掌握初等函数后,学三角函数的时候,我除了能自己利用 $y=x$ 这条直线推导出为什么"奇变偶不变,符号看象限",还能得出下面这样的结论用于解题:

$$\alpha + \beta = \frac{\pi}{2} + 2k\pi \, (k \in Z) \text{时,} \sin\alpha = \cos\beta$$

也就是说,用"记"定理、"记"结论的思维学数学,我们只能停留在机械性做题的模式,无法体会到数学各个部分的共通思维。而当我们掌握原理并且掌握推导的方法后,我们就能自如地将这样的思维运用于任何一个部分。

懂了原理,才能体会得出结论的过程的"神妙",养成学习高中数学的"百搭通用"思维，从而做到灵活应变。

课堂上，如果我们在某一步骤没跟上老师的思维，那么不妨迅速把推导的要点记在笔记本上，课后问老师或问同学，然后复盘。实际上，一节课 40 分钟，老师能讲完的原理不会太多，我们需要尽可能做到课间解决，再不济也要当天解决。

很多人在高三拼命学习数学却收效甚微，其实主要原因就在于积重难返。高一时期的我便是做到了当日事当日毕，才有了后来的开窍和进步的机会。

如果已经错过课堂的讲解，就相信课本。课本上的推导过程实际上是非常详细的，虽然可能不像资深老师那样会讲多种方法，但对于我们掌握基本原理而言已经足够了。看课本的过程中，为了预防自己进入"假学习""思维乱飘"的状态，我们可以用一张白纸盖住推导过程，然后逐行展示，看的过程中自己思考下一步该如何进行。很重要的是，看完后我们需要合上课本自己推导一遍。

当然，在实际操作过程中，我们还要注意以下问题。

第一，克服自己的学习惰性，不要觉得推导原理无用，不要偷懒。同时，紧紧跟上课堂的进度很重要，拖欠越多我们就越不想学。当然，如果之前已经拖欠了很多，那就要记住一句话："种一棵树最好的时间是十年前，其次是现在。"

第二，要耐得住寂寞，在漫无希望的瓶颈期，坚持、持续输入很重要。于我个人而言，从量变到质变（也就是一学就懂、一做就会）花了半年的时间（时间长短会因为个人的领悟能力和执行力度不同而不同）。我们要记住一句话："学了不一定马上收获成效，但不学就一定没希望。"

知道该怎么做后，我们要如何安排时间呢？

一靠挤时间，二靠科学性熬夜。

对于挤时间，我们可以从数学课前后的课间挤时间，也可以靠午休期间提升吃饭、洗漱速度挤时间（当然，保持20分钟的午睡还是有必要的），还可以靠晚自习前提升吃饭速度挤时间……

而科学性熬夜又是什么呢？

科学性熬夜的前提是必要性熬夜。在判断自己的熬夜是否具有必要性之前，大家可以先做一下下面这份简短的问卷，在符合自己情况的条目前画"√"。

☐ 一天下来，在课堂上神游的时间合计超过了30分钟。

☐ 晚自习时，至少有累计30分钟时间没有进入学习状态。

☐ 经常"干瞪眼"式听课，不动笔、不思考，认为听听就差不多懂了。

☐ 每天要花超出早读时长的时间背各种书，如古文、历史、政治等。

☐ 每天要花超过40分钟的时间把各类笔记、错题整理成精美的手账。

☐ 遇到大量不会的作业题时，要跟每道题"死磕"20分钟以上，坚决不求助、不翻阅原理笔记。

以上符合自身情况的条目越多，越说明你的熬夜是非必要的。

很多情况下，我们需要熬夜，是因为白天放纵、低效、拖延。如果是因为白天的放纵、低效、拖延，导致我们没能完成当天必要的学习任务而熬夜，那么，这便是非必要性熬夜。

对于非必要性熬夜，我们需要溯其根本，提高白天的效率，避免白天的放纵，不要走入白天不好好学、半夜自我感动的"假努力"的恶性循环中。

什么情况下才是必要性熬夜呢？高中时期的必要性熬夜，有且只有一种情况：白天学习足够高效，但对于掌握当天所学的新知识而言，时间还是不够。

不过，必要性熬夜也并非意味着我们需要无限度熬夜，并非意味着到凌晨 2 点还没学懂的话也要坚持，并非意味着困到眼皮"打架"也要坚持。在有必要性熬夜的需求下，我们还需要关注科学性熬夜。

根据我的个人体会，科学性熬夜大致有以下四大要素。

要素 1："大夜"偶尔熬，"小夜"可规律性熬。

"大夜"即熬到深夜；"小夜"即在自己平常睡觉的时间的基础上推后的时间不长于 1 小时。

如果某天没搞懂的衔接性知识过多，并且我们还有精力，没有进入疲倦状态，那么可以适当熬"大夜"。注意，"大夜"只能偶尔在特殊情况下熬，长久伤身体。拿我自己举例，我在高一学初等函数时会偶尔熬"大夜"，既因为这部分内容的衔接性太强了，也因为若起步阶段掉链子，那么之后只会积重难返。

至于"小夜"，适合在需要阶段性突破额外任务的时候熬，同时需要在测探自己熬夜阈值的基础之上熬。何谓熬夜阈值呢？假设我们平常 12 点入睡，那么我们可以先测探一下 12 点半入睡，同一时间起床是否会影响第二天白天的学习精力。通过逐步加强的测探，找到对于自己而言会影响第二天精力的临界值。

再拿我自己举例，高二下学期，我发现了自己英语上的词汇量短板，于是我希望利用一两个月时间，集中把高考词汇甚至四级词汇系统背一遍。但我又不希望影响日常的学习节奏，于是我在测得自己的熬夜阈值为 12 点半后，于每天寝室统一熄灯后借助手机背单词至 12 点半。

因为学习是一件致困的事情，以往熄灯后要辗转几十分钟才能入睡的我，在背完单词后很快就能入睡，可谓一箭双雕。

要素 2：科学应对熬夜带来的困倦。

无论是熬"大夜"还是熬"小夜"，都不可避免地会带来困倦。如何应对困倦呢？我们需要分情况讨论。

如果熬夜带来的是一整天持续性的困倦，那么说明我们的熬夜时间不合理，需要缩短熬夜时间甚至停止熬夜。

如果熬夜带来的是周期性的困倦，如白天每 4 个小时犯困一次，那么在每次犯困的时候睡 10~15 分钟即可——无论使用什么手段，都不能超过这个时长。这样我们就可以得到比较好的休息。哪怕困倦发生在课堂上，我们也可以尝试避开老师的视线，悄悄睡几分钟：起码睡一会儿后半节课还能听，不睡的结果是整节课都会废掉。

如果熬夜的过程中困了，那么应对方案只有一个字：睡！毕竟带着困意熬夜是没有任何意义的。

要素 3：在熬夜与早起之间寻找属于自己的平衡点。

应对必须当天解决的新知识，可选择的方案不仅有熬夜，还有早起。

到底是选择熬夜还是早起，需要依据个人情况而定。对于我而言，早睡我也睡不着，早起很大概率起不来，并且早起可能导致一上午都犯困，所以我更倾向于选择熬"小夜"。

此外，如果熬夜的过程中困了，我们要义无反顾地睡觉。那么，对于还未解决的问题，就只能选择早起解决了。

要素 4：杜绝熬夜后报复性自我奖励。

需要注意的是，切忌因为熬了夜就报复性地奖励自己放肆，否则只会把熬夜的成果吞噬殆尽，甚至反噬为"负值"。我想，很多人（包括我自己）都有过这样的误区，我们也都知道这样做不对，此处不再赘述。

5.1.2　不再质疑努力，厚积薄发

或许对于没有达到目标的数学成绩，大家的脑海里装满了十万个为什么。

明明很听话、很认真、很努力地做完老师布置的作业；明明起早贪黑刷了很多题，整理了密密麻麻的笔记；明明比以前更努力，努力地想爱上数学，可数学一直保持高冷，不对你的爱做任何回应，你的数学成绩也没有提升。

为什么努力了，成绩还是不理想？

为什么跟别人付出了一样的时间，在一样的课堂上听课，做一样的作业，别人的数学成绩更好？

因为你用了很多时间质疑努力。

你担心学校的课堂对你无效，担心学校的进度太慢，于是，在担忧之中，一节又一节的课堂时间在指间流逝。

你担心今天刷的题没有意义，担心盲目刷题只能感动自己，于是，为了刷1小时的题，你用了3小时去找"学霸"推荐的教辅，找"学霸"的刷题攻略，学习如何辨别有效习题和无效习题。

你担心自己的学习方法不对，担心自己的学习计划不合理，于是，在进入学习状态之前，你要先把各大"学霸"的学习方法梳理一遍。

的确，我们需要反思的时间，需要方法，但如果质疑努力的时间比实干的时间更多，那么有效学习的时间便所剩无几。

其实，无论课堂效率如何，无论进度如何，如果我们真能把课堂上讲的 70% 以上的知识掌握好，那么数学成绩总会比原来好。教辅不可避免地会存在一些无法与高考难度契合的模拟题，但如果我们认准 1~2 本口碑较好的资料，从头到尾把书上的习题都"吃透"，那么数学成绩总会比原来好。

如果我们把质疑努力的时间用于实干，那么我们可以做很多事情。

一本数学教辅约 300 页，如果每天消化 4 页，我们只需要半个学期的时间就可将其"消灭"；

高考数学的题量为 22 道，近十年真题共 220 道，去除每份卷子 3 道压轴题后还剩 190 道题，如果每天消化 6 道题，那么我们只需要一个多月的时间就可将其"消灭"……

在数学成绩不理想的时候，我们不妨问问自己：

"我是否每天都把老师在课堂上讲的内容及时搞懂了，做到了当日事当日毕？"

"我有没有在学习过程中注入自己的思考和回顾，比如，听懂老师所讲知识之后，坚持自己再重新演算一遍？"

"我的数学成绩没达到理想目标，我有没有在课本每一节内容的基础上彻底弄懂 60 道题（高考难度）？"

其实，高中数学的底层思维在函数与三角、立体几何、解析几何、统计概率、数列等部分都是通用的。当我们在某一板块"彻悟"之后，学其他部分的速度和质量便会飞跃。

突破"基本初等函数"，掌握数形结合等思维，便是恶补数学的起步阶段，也是恶补数学过程中最艰难、最痛苦的阶段，更是绝大多数同学"阵亡"的阶段。

经受住起步阶段的煎熬，忍耐、坚持三个月以上，我们肯定会养成习惯、迎来质变。三个月左右的时间，我们应该怎么做呢？从我个人的经验出发，建议如下。

（1）从课堂上老师正在讲解的板块入手，有课堂的辅助，自学会事半功倍。

（2）一般老师只会在高一、高二上新课阶段讲定理的推导等，如果已经错过这个时间，就要靠课本。课本上的推导是非常齐全的。

（3）理解清楚定理等基础知识的由来后马上做配套练习。配套练习和课本的难度可能不匹配，但要耐住性子，一道一道搞懂。学会20道题左右，就能达到初步熟练的水平了。

（4）初步熟练后做分类题型，通过题型分类掌握技巧。

（5）分类题型做完后每周进行阶段性套卷练习，查漏补缺，有缺漏的话就在当周内复习巩固。

（6）体验这个过程中的充实感和成就感，争取在这个阶段中领悟数学的美并爱上数学，因为兴趣确实是最好的老师。

（7）继续坚持，慢慢地掌握阶段性的数学学习思维后，学习其他章节会越学越顺、越学越快。

5.2 语文 | 语文提升与补救方法全论

学习语文的过程中，我们可能都有过以下困扰。

（1）课堂上有效吸收的"干货"少之又少，日常背诵的内容在分数上占比太低，感觉学习语文"性价比"低。

（2）大家都劝我们多读书，可是读书再多，语文成绩也不见提升。

（3）在阅读量越来越大的趋势下，面对文本我们总是"神游"。

（4）主观题"踩点"答题就像大海捞针，考试中能否答到给分点纯粹看运气好坏。

（5）参考答案中那句"言之有理即可"也曾让我们无语凝噎。

（6）作文水平平庸，不知应该如何提升。

那些能以 130+ 的分数轻松迈过语文这道坎的人，到底是靠天赋还是靠技巧？我曾经以为是靠天赋。但事实上，从 110 分左右的水平到高考 133 分的过程中，我领悟到：语文学习也是需要思维的。

5.2.1 简答题的思维逻辑

高考语文试卷中阅读题的简答题的"答题模板"，在各类教辅、网络经验中已经泛滥成灾。可是，如果光背模板就能拿高分，那么这类题型还有什么存在的必要？

我要讲的语文简答题解题方法，不是一个万能答题模板，而是一种万能的逻辑思维框架。

我当年备考的时候，曾经做过一件很无聊且浪费时间的事情：我把全国卷的所有主观题的题干单独拿出来放在一起，试图找到一些共同点。我的想法是，这些主观题无非是围绕阅读理解这一个总纲来展开的。那么阅读理解的本质是什么呢？

我还真的想到了一个挺正经的答案。"阅读"，读的是内容，考题就会问我们这篇文章写了些什么。"理解"，解的是原因，考题就会问我们这篇文章为什么这么写，有什么作用。

所以，阅读理解的主观题说到底就是问两类问题：一问内容，二问作用。

那么我们如何破解这两类问题呢？

无疑，内容类题目是建立在文本基础上的。只要我们看懂了文字，能够总结概括即可。这类题通常比较简单，是经过适当训练、反思后可以得满分的题型。

下面简单举几个例子。

（1）小说中说赵一曼"身上弥漫着拔俗的文人气质和职业军人的冷峻"，请结合作品简要分析。（2018课标一卷5，6分）

（2）请结合二姐等人看有声电影的经过，简要分析小说所揭示的市民面对新奇事物的具体心态。（2018课标二卷5，6分）

（3）请简要分析文中先行者的心理变化过程。（2018课标三卷5，6分）

（4）请从"戏赠"入手，结合全诗，分析作者表达的情感态度。（2017课标三卷15，6分）

（5）如何理解曹霸画的马"一洗万古凡马空"？曹霸是怎样做到的？请简要分析。（2016课标二卷8，5分）

这5道题都是典型的问内容的题型，其中前三道是小说阅读，后两道是诗歌鉴赏。我们来看看这类题目具体该怎么答。

第1题：首先翻译题目，让题目变得通俗易懂。这道题要分析什么？

第一，文人气质体现在哪里；第二，军人的冷峻体现在哪里。接着判断分值与点数。此题 6 分，因此"文人气质"与"军人冷峻"两个方面应该各占 3 分，并且在文中直接归纳，应当是 1 点 1 分。也就是说，我们要做到每个方面归纳 3 点内容。然后把翻译过的题目带到文章中，逐段找答案原句。如果该内容集中于一段，则在此段中逐句找答案。最后，将所找内容归纳整理成答案就会发现，跟标准答案相差无几。

第 2 题：同样，第一步是翻译题目——看电影的经过分成几步？每一步体现了什么心态？接下来的步骤跟第 1 题一样。

第 3 题：与第 1、2 题的解法一样。当然，归纳能力也是需要经过刷题训练才能达到熟练的。

第 4 题：首先翻译题目，命题人在问我们，戏赠表达了什么情感，诗中每句话又在表达什么情感。再带着翻译后的设问去读诗，就很容易发现"戏赠"含有讽刺之意，但诗人又在诗中自夸。所以，我们便可将讽刺与自夸两种情感轻松总结出来。

第 5 题：首先翻译题目，命题人在问我们，曹霸画的马"一洗万古凡马空"体现在哪些方面，是什么意思，他是怎么画出来的。翻译题目后，我们需要做的事情就是简单翻译诗句。曹霸是怎么做到的呢？我们只需完完整整把每句诗翻译一遍便可以拿到满分。

那么，我们现在来小结一下，解决问内容类简答题的方法。

第一步，翻译题目并根据分值赋点；

第二步，逐段逐句找原文匹配；

第三步，将与答案相关的原文提炼归纳成答题术语。

仅此三步，我们便可以把难以捉摸的语文主观题，用标准的方法整理出来。这样我们便可以在平时做题的时候进行针对性训练：哪个环节做得不到位，就训练哪个环节。

同时，观察上面五道例题会发现，高考题是有特定的考查偏好的，有极强的规律性。所以，好好研究高考题是十分有必要的。

作用类题目，解答时涉及和写作有关的一些基本技巧，也就是阅读的基础知识。

作为一脉相承的中文写作文体，高考必考的每一类涉及主观题的阅读文本（诗、词、小说、散文、新闻、传记），都遵循着特定的、相似的写作原则，也传续着普遍的写作技巧。不同的是在具体的处理上有不同的语境要求，有不同的处理方法。例如，小说类文本注重对人物细节的描写，诗歌类文本注重景物描写手法等。我们可以借助课堂或辅导书，将这些写作技巧掌握透彻。

接下来举一个具体的例子。

（2018课标一卷6，6分）小说中历史与现实交织穿插，这种叙述方式有哪些好处？请结合作品简要分析。

解题方法如下。

第一步，翻译题目，命题人在问我们，这种叙述方式有什么作用。此题6分，我们一般需要回答3点。

第二步，思考对应的写作技巧。小说围绕人物、情节、环境、主题等多个要素展开，那么，我们便可以进一步思考历史和现实交织对这几大要素分别有什么作用。

第三步，思考这样的写法对每一个要素的具体作用：让小说人物立体丰满，让小说情节真实，让小说主题内涵丰富。在对基本作用进行思考后，我们再结合文本分析并组织答案即可。

由此,我们便可以总结出问作用类题型的答法。

首先翻译题目,然后根据分值判断要答几个要点,思考用什么样的逻辑组织进行阐述,最后结合文本分析并组织答案。

也就是说,只要我们掌握了这一答法,即在每一类文本中都适用的答题的底层逻辑,再针对不同类型的文本加以总结、发挥,我们的语文简答题便可以做到无限接近满分。

由此可见,提升语文成绩的奥秘之一就是,形成一条"无敌逻辑链",一招破万题。

5.2.2 文言文题是难,但它也是题

高中9门学科中,最需要日积月累的学科就是语文;而语文学科中,最需要日积月累的知识是文言文。这句话,要反驳的人恐怕很少。

我们不得不承认,文言文是最难搞定的一块硬骨头。基础不牢的同学可能根本读不懂文章,因此,做文言文习题只能连蒙带猜应付过去。

勉强读懂文章的同学,也会掉入题目设置的无数个陷阱中。

例如,断句题里设下的"迷惑点",能让我们在不知不觉中花上五六分钟去纠结;文言常识能让我们背到近乎放弃——老师总能找到犄角旮旯的偏门知识来考我们。

又如,概括文章内容的题目对于"金鱼脑"和"五大三粗"的同学而言,几乎是判"死刑"了;有时候题目设置的陷阱近在眼前,却一次又一次被我们忽略。

再如,翻译句子的题目我们总能碰上一两处磕磕绊绊的地方,要么词

不达意,要么理解无力……

文言文题确实很难,但是我们要坚信,只要是题,就必然有攻破的方法。灵感枯竭的时候,就去源头找些力量吧。源头在哪里?当然是回归高考真题。

大多数省份的高考一成不变地考古代官员传记类文言文,这类文章的结构基本一致:某某官员儿时聪慧,该官员任职期间政绩突出(文章中一般会出现三次该官员的官职调动历程,三次调动分别对应三类政绩),该官员去世后如何被追悼。文章的主题一般在于每段任期中的政绩,而政绩一般有平战乱、平秩序、勇于向皇帝进谏、除奸臣等,说是千篇一律也不为过。

当我们掌握10篇高考原文的规律后,就会发现这些字词、任期内的政绩是大规模重复的。找到规律,还怕读不懂吗?当然,掌握规律的过程中也有些阅读小技巧,如我们可以根据人名、地名给文章分段等,这样做方便我们梳理文章脉络。

对以上种种有了初步的了解以后,我们的心里大概有底了,剩下要做的就是日常巩固,防止"手生"。你看,我们又向语文130分的目标前进了好几步。

综上所述,提升语文成绩的奥秘之二便是,研究真题,温故知新,发现规律,反复巩固。

5.2.3 得选择题与作文者"得天下"

1. 选择题的答题方法

得选择题者"得天下",这句话在哪一个科目中都成立。

同样的,高考语文的每道选择题也都有其相应的解法。

例如，对于论述类文本阅读中的选择题，命题人考查的其实是我们梳理文脉、准确获取文本信息的能力。在通读全文、梳理行文架构后，我们才能迅速运用逻辑判断比对原文表述与选择题选项中表述的异同，从而选出正确选项。此外，如果能在简答题部分掌握文章的逻辑框架，也会为我们真正理解论述类文本提供莫大的帮助。

如病句题，我也经历过一个瞎蒙的时期。后来我连续刷了一周病句题，每天刷二三十道题，总结并掌握六大错误后，病句题就没再错过了。

所以，突破选择题的唯一方法便是多刷题并总结规律。

是的，对于语文选择题，我们只需要在掌握高考题规律的基础上，在偶尔疲倦的时候刷题练练手，就可以轻松拿高分。

2. 作文的提升方法

高考复习的每一个阶段，都有人不停地告诉我们，放弃作文吧，作文水平早就定型了，短期内没办法提高的。

必须承认的是，高考语文作文命题组的压力确实不小。他们既要尽量规避当年热点，又要体现时代发展趋势；既要不为难考生，又要有体现差异的空间。尽管如此，总有题目会引发不小的争议。而对广大学子而言，写作也是考场上最令人紧张、焦虑的一部分。我们既担心碰上自己不熟悉的材料，又害怕面对新题型、新考法。

不过，大家也许已经知道我想说什么：高考作文命题同样有一套思维模式。这真的不是牵强附会，只是那些规律、思维模式都藏在了近十年甚至更久以前的真题之中。换言之，那些令我们烦恼的作文题早在十年前就已经考过了。

十年前就已考过的题目，即"母题"。而由此延伸、拓展、变形而得的最近几年的新题，我们可以称为"子题"。下面我们举两个例子。

例1：高考难题——2017年全国三卷。

今年是我国恢复高考40周年，高考为国选材，推动了教育改革与社会进步，取得了举世瞩目的成就。40年来，高考激扬梦想，凝聚着几代青年的集体记忆与个人情感，饱含着无数家庭的泪珠汗水与笑语欢声。想当年，1977的高考标志着一个时代的拐点。看今天，你正与全国千万考生一起奋战在2017的高考考场上。

要求：请以"我看高考"或"我的高考"为副标题，写一篇文章。要求选好角度，确定立意，明确文体，自拟标题且不少于800字。

上题对应的母题为2007年重庆卷。题目如下。

今年是我国恢复高考制度30周年。尽管社会上对高考众说纷纭，但不能否认的是，有许多人通过高考改变了自己的命运。亲爱的同学，也许你高中三年的学习、生活都围绕着高考，有许多经历和见闻要记录，有许多感悟和认识要诉说……

请以"酸甜苦辣说高考"为话题，写一篇文章。

要求：①所写内容必须在话题范围之内；②题目自拟；③立意自定；④除诗歌外，文体不限；⑤不少于800字；⑥不得抄袭。

例2：高考难题——2015年全国一卷。

因父亲总是在高速路上开车时接电话，家人屡劝不改，女大学生小陈迫于无奈，更出于生命安全的考虑，通过微博私信向警方举报了自己的父亲。警方核实后，依法对老陈进行了教育和处罚，并将这起举报发在了官方微博上。此事赢得众多网友点赞，也引发了一些质疑。经媒体报道后，激起了更大范围、更多角度的讨论。对于以上事件，你怎么看？

请给小陈、老陈或其他相关方写一封信，表明你的态度，阐述你的看法。

要求综合材料内容及含义,选好角度,确定立意,完成写作任务。明确收信人,统一以"明华"为写信人,不得泄露个人信息。

上题对应的母题为 2003 年全国卷。题目如下。

宋国有个富人,一天大雨把他家的墙淋坏了。他儿子说:"不修好,一定会有人来偷窃。"邻居家的一位老人也这样说。晚上富人家里果然丢失了很多东西。富人觉得他儿子很聪明,而怀疑是邻居家老人偷的。

以上是《韩非子》中的一个寓言。直到今天,我们仍然可以在现实生活中听到类似的故事。但是,不同的甚至相反的情况也很常见。我们在认识事物和处理问题的时候,感情上的亲疏和对事物认知的深浅有没有关系呢?如果有关系,又是什么样的关系呢?请就"感情亲疏和对事物的认知"这个话题写一篇文章。

看到例 2 中这组题目,反应快的同学应该已经看出了这两道题之间的联系。

对于后面这道题目,大部分人会这样立意:我们不能根据感情亲疏来看待事物,这样不符合理性。而经过思维训练的同学会有更为深刻的立意:情与理应当兼顾。

尽管两道题的材料、文章题材不一样,但内容其实是一样的:探讨情与理的思辨哲学。

母题就像样板一样,多半是过往的优质高考题,是会不定期重新包装后再考的。

作文无"新"题,所谓创新,都是从母题到子题的迁移。因此锻炼写作思维最快捷的方式,就是把过去的母题构思个遍!

志在高考语文得 130 分以上的同学,不妨试试本节所述四大题型的突破方法。

5.3　英语 | 英语提升与补救方法全论

我们或多或少曾陷入下述学习英语的误区。

误区 1：认为只要背完 3500 词，高考英语全能懂。

一词多义，我们往往选择只记其中一个意思；一词多种词性，我们往往忽略不太常用的用法。我们以为背完了 3500 词，便能高枕无忧；我们以为不用课外积累，也能轻松读懂英语文章。但事实不是这样的。

误区 2：认为语法没有用，凭语感就能征服一切。

完形填空连错 5 个，我们可怜兮兮地问全对的同学："这道题你为什么能选出来？"

"没为什么啊，语感而已。"

读了无数遍短文也改不全 10 个错误，我们备受打击地问全对的同学："为什么我怎么读都改不出来？""为什么我怎么读怎么不顺。"

语感或许可以帮助我们拿到一部分分数，但在考场上，需要经受考验的是严谨，是理性。我们终归需要用系统化的语法去分析语句。

误区 3：认为写作就是把中文直接翻译成英文。

不同的文体有不同的特征，不同的设问有不同的逻辑结构，地道的表达更容易拿高分。如果我们不懂作文技巧，只进行生硬的"中译英"，便会陷入中式英语的陷阱，写作得高分就无从谈起了。

误区 4：认为英语不需要刷题，英语试题没有答题技巧可言。

靠语感、基础知识和理解能力，我们的确可以在英语考试中拿到不低的分数。但只有这三大要素的话，我们往往难以更进一步。英语作为一门学科，自然有其题型的分类和答题技巧。

避开上述四大误区并脚踏实地努力，高中英语成绩的提升才能成为可能。那么，具体要怎么做呢？我们可以从词法、句法、文法与题型四个维度入手，全方位攻破英语学习的城墙。

5.3.1 词法

掌握词法要求我们记牢单词，掌握单词词性。

那么，如何记牢单词呢？有以下两个小技巧。

（1）将一个小本子折成两栏，一栏写英语单词，一栏写中文释义（词性、音标等都不需要写），采取遮住英文想英文、遮住中文想中文的方式自测（利用零碎时间积累）。

（2）运用构词法，将一个单词的来龙去脉剖析清楚，并掌握单词的构建规则，这样许多词汇不用怎么背就可以融会贯通了。

对于高三的同学，比较省时省力的一种突击单词的做法，便是背熟近五年的高考题生词——因为高考单词的重复率高于70%。

此外，又该如何掌握单词的各种词性呢？

首先，我们需要熟练掌握不规则动词表。不规则动词变换是语法填空的重要考点，也是写作文时容易错误的部分。

复习的方法也很简单，我们拿一张动词原形清单，自行默写过去式、过去分词形式，并多读多写，以熟练、不出错为标准。

复习的重点如下。

名词：重点是掌握名词的单复数变形和名词的格（主格、宾格、所有格，等等）；

代词：重点是区分名词性物主代词和形容词性物主代词，以及反身代词的使用方法；

形容词和副词：重点是掌握形容词和副词的相互转换，以及形容词最高级；

介词和介词短语：重点是掌握常见的搭配。

5.3.2 句法

高考英语改革取消单选题之后，很多学生甚至老师出现了忽视语法的倾向，但其实这是一种不太合理的做法。为什么我们仍然需要学习语法呢？因为对于英语这种字母类文字，语法本身就意味着逻辑，而要理解句子，就必须对句子的逻辑有所掌握。

例如，长难句分析能力是阅读理解的重要能力，我们在平时做题和练习的时候，可以用句法分析的方法解决"举棋不定"的题目。这样做的话，刚开始可能会导致阅读速度下降，但是形成习惯之后，就会大大提升做阅读理解的速度和正确率。

尤其是写作文，语法错误是一个很大的失分点，所以语法准确性便显得尤为重要。

进一步讲，我们要如何学语法呢？

我们可以对近五年的高考卷中的长难句进行分析。先找到谓语、主语、宾语及表语，抓住句子的主干，然后看其他修饰性成分与主干部分有什么样的联系。

用这种方式对待每一套卷子里的长难句，达标的标准是能说明所有长难句的主、谓、宾、句意，以及其他修饰成分所起的作用。更高级一点的标准，就是能够在自己的作文中熟练使用这些长难句，并且保证不会出错。

我们可以争取一个星期分析一套卷子，不要求数量，但一定要关注质量。

必要的话可以向自己的老师或同学寻求帮助。

5.3.3 文法

文法指的是对文章主旨的把握、对结构的把握，等等。

对于完形填空，先通读全文再做题会事半功倍。一定不能边读边做题，因为完形填空很多是讲故事的记叙文，人物的动作、心理、行为都存在连续性，先通读全文，把握人物的情感变化和故事的情节，然后做题，正确率会高一些。

另外，这里再介绍一个关于完形填空的"邪门外道"。一般来说，完形填空共 20 道题，答案中 4 个选项的分布是大致均匀的，如果某一选项选了 7 个甚至 8 个，那么建议重新读一遍文章进行检查。

对于写作，如果我们把作文分成记叙、议论、说明（实用）三类，那么我们需要熟悉各种实用类文体的格式，如邮件、通知等。需要特别注意的是，不要遗漏题目当中的信息点。

如果是议论类或记叙类写作，建议先构思说理逻辑或故事情节，然后进行英文写作。

5.3.4 题型

1. 完形填空题和阅读理解题

对于完形填空题和阅读理解题，共有 4 种方法供我们运用：排除性定位、句法分析、代词暗示和判断情感色彩。下面我将详细介绍这 4 种方法。

方法 1：排除性定位。

这个方法主要针对阅读理解题，尤其是推断型的阅读理解题。在需要判断作者的观点和态度的时候，在作者说得不是特别直白的情况下，我们对答案选择就容易摇摆不定。这个时候采用排除性定位法比直接找正确答案更容易做对。下面举例说明。

Some of the world's most famous musicians recently gathered in Paris and New Orleans to celebrate the first annual International Jazz Day. UNESCO(United Nations Educational, Scientific and Cultural Organization) recently set April 30 as a day to raise awareness of jazz music, its significance, and its potential as a unifying(联合) voice across cultures.

Despite the celebrations, though, in the U.S. the jazz audience continues to shrink and grow older, and the music has failed to connect with younger generations.

It's Jason Moran's job to help change that. As the Kennedy Center's artistic adviser for jazz, Moran hopes to widen the audience for jazz, make the music more accessible, and preserve its history and culture.

"Jazz seems like it's not really a part of the American appetite," Moran tells National Public Radio's reporter Neal Conan. "What I'm hoping to accomplish is that my generation and younger start to reconsider and understand that jazz is not black and write anymore. It's actually color, and it's actually digital."

Moran says one of the problems with jazz today is that the entertainment aspect of the music has been lost. "The music can't be presented today the way it was in 1908 or 1958. It has to continue to move, because the way the world works is not the same," says Moran.

Last year, Moran worked on a project that arranged Fats Waller's music for a dance party, "Just to kind of put it back in the mind that Waller is dance music as much as it is concert music," says Moran. "For me, it's the recontextualization. In music, where does the emotion(情感) lie? Are we, as humans, gaining any insight (感悟) on how to talk about ourselves and how something as abstract as a Charlie Parker record gets us into a dialogue about our emotions and our thoughts? Sometimes we lose sight that the music has a wider context," says Moran, "so I want to continue those dialogues. Those are the things I want to foster."

What can we infer about Moran's opinion on jazz?

A. It will disappear gradually.

B. It remains black and white.

C. It should keep up with the times.

D. It changes every 50 years.

本题要求我们判断作者对于爵士乐的态度，但是，很遗憾的是，没有一个特别明显的、和正确答案贴合的选项。

提醒大家，如果某个选项中的词汇和文段中的词汇高度重合，我们反而要提高警惕，因为阅读理解实际上考的就是同一语意的不同表达。

对于本题，我们可以考虑采用排除性定位的方式。

通过最后一段中的 "I want to continue those dialogues"，我们可以排除 A 选项；通过倒数第三段中的 "not black and white anymore"，我们可以排除 B 选项；而 D 选项中的 "50 years"，可以和倒数第二段中的 "1908 or 1958" 联系起来。我们从这个句子中可以看到，1908 年和 1958 年用 "or" 一词连接了起来，是一种并列的选择式关系，在 "the way it was in 1908 or 1958" 当中，1908 和 1958 表达的是同一层含义，就是 "过去的时代"，所以并没有强调两者之间的差别，50 年一变是无中生有的过度推断。

倒数第二段中的 " It has to continue to move, because the way the world works is not the same"和 C 选项是吻合的,故选 C。

总之,推断观点类的题一般都有点隐晦,上述方法最适合应用在这类题型上。

方法 2:句法分析。

句法分析是阅读理解的核心,因为长难句的理解和表达是高考的重要考点。通过句法分析来把握句子传达的信息,并且在题目当中找到对应的选项,是所有阅读理解题型的解决方案。

长难句分析的练习方法是,先找到谓语、主语、宾语和表语,抓住句子的主干;然后看其他修饰性成分和主干部分有什么样的联系。

以下面这个曾在高考题中出现过的长难句为例:

The friendship that grew out of the experience making that film and The Sting four years later had its root in the fact that although there was an age difference, we both came from a tradition of theater and live TV.

该句长达 41 个词,如果不使用句法知识,则很容易因为只抓住了其中的某些词汇,缺乏对整个句子的把握,而造成理解上的偏差,导致做题失误。那么我们应该如何应用句法分析法剖析上例呢?

首先看句子中所有的动词——grew、had、was、came。grew 前面有 that,这是个定语,先不看;had 似乎有成为谓语的潜质;was 前面有 that,还有 although,可能是修饰性成分,并且有带逻辑关系的并列句;came 是 that 这个并列句的后半截。综上所述,句子的谓语是 had。

那么,谓语的前面是主语,that 是修饰性成分,先不看,主语是 friendship;谓语的后面是宾语和补语,所以句子的主干就是"The friendship had its root in the fact."阐述的是友谊的根源。

前面的定语从句说明的是友谊的特性，后面 fact 里面的内容说明的是原因，因为 fact 后面的 that 引导的是一个同位语从句，表达的是 fact 的具体内容。像这样提炼句子的主干之后再精读句子，句子的结构和大意就会清晰很多。

在使用句法分析法的时候，起步阶段我们可能会感觉做题有点慢，但只要形成了习惯，不仅能提高正确率，做得更熟练、更好，还会对我们解语法填空或选择题的水平产生促进作用。所以，希望大家尝试采取这种方法对待每一篇阅读理解中的长难句。

方法 3：代词暗示。

这个方法主要用于七选五和完形填空题，当我们在两个选项间纠结时，可以结合代词的暗示找出正确答案。以下题为例进行讲解。

If anyone had told me three years ago that I would be spending most of my weekends camping, I would have laughed heartily. Campers, in my eyes, were people who enjoyed insect bites, ill-cooked meals, and uncomfortable sleeping bags. They had nothing in common with me. ___1___

The friends who introduced me to camping thought that it meant to be a pioneer. ___2___ We slept in a tent, cooked over an open fire, and walked a long distance to take the shower and use the bathroom. This brief visit with Mother Nature cost me two days off from work, recovering from a bad case of sunburn and the doctor's bill for my son's food poisoning.

I was, nevertheless, talked into going on another fun-filled holiday in the wilderness. ___3___ Instead, we had a pop-up camper with comfortable beds and an air conditioner. My nature-loving friends had remembered to bring all the necessities of life.

_____4_____ We have done a lot of it since. Recently, we bought a twenty-eight-foot travel trailer complete with a bathroom and a built-in TV set. There is a separate bedroom, a modern kitchen with a refrigerator. The trailer even has matching carpet and curtains.

_____5_____ It must be true that sooner or later, everyone finds his or her way back to nature. I recommend that you find your way in style.

A. This time there was no tent.

B. Things are going to be improved.

C. The trip they took me on was a rough one.

D. I was to learn a lot about camping since then, however.

E. I must say that I have certainly come to enjoy camping.

F. After the trip, my family became quite interested in camping.

G. There was no shade as the trees were no more than 3 feet tall.

第 4 空位于文章倒数第二段的开头。我们回溯倒数第三段的末尾："My nature-loving friends had remembered to bring all the necessities of life."再看倒数第二段的第二句话："We have done a lot of it since."

如果单看以上两句出自前两个段落的话，有两个选项是说得通的，分别为 E 和 F。

从语义和逻辑上来讲，这两个选项都成立。但是，第 4 空后一句当中的代词"We"，就决定了前一句的主语应该是个复数，因此 my family 比 I 更加贴合这一题，故选 F。

代词的特征是，指代的内容一定在该句子的前面，而且会离得很近。这既是细节理解类阅读题当中代词的解题原则，同时也是完形填空题的选项里面有代词时的解题原则。

希望大家提高对代词的敏感度，注意代词的人称、数量，准确把握代词暗示这种方法。

方法4：判断情感色彩。

这个方法常常被运用于完形填空题，以及阅读理解的观点和态度题当中。一道题的四个选项中的情感色彩可分为以下几种情况：两褒义、两贬义；三贬一褒，或者三褒一贬；中性 + 褒贬；动词自身隐含情感色彩，或者句法本身表达了强烈的情感色彩。

如果阅读理解题或完形填空题当中的某道题四个选项的情感色彩褒贬分明，那么我们大可根据原文的情感色彩排除与之情感色彩不符的选项，但我想特别说一下隐含情感色彩的动词和句式。

下面我们以下题中的第19小题为例进行讲解。

While high school does not generally encourage students to explore new aspects of life, college sets the stage for that exploration. I myself went through this __1__ process and found something that has changed my __2__ at college for the better: I discovered ASL — American Sign Language (美式手语).

I never felt an urge to __3__ any sign language before. My entire family is hearing, and so are all my friends. The __4__ languages were enough in all my interactions (交往). Little did I know that I would discover my __5__ for ASL.

The __6__ began during my first week at college. I watched as the ASL Club __7__ their translation of a song. Both the hand movements and the very __8__ of communicating without speaking __9__ me. What I saw was completely unlike anything I had experienced in the __10__. This newness just left me __11__ more.

After that, feeling the need to __12__ further, I decided to drop in on one of ASL club's meetings. I only learned how to __13__ the alphabet that day. Yet instead of being discouraged by my __14__ progress, I was excited. I then made it a point to __15__ those meetings and learn all I could.

The following term, I __16__ an ASL class. The professor was deaf and any talking was __17__. I soon realized that the silence was not unpleasant. __18__, if there had been any talking, it would have __19__ us to learn less. Now, I appreciate the silence and the __20__ way of communication it opens.

1. A. searching   B. planning   C. natural   D. formal
2. A. progress   B. experience   C. major   D. opinion
3. A. choose   B. read   C. learn   D. create
4. A. official   B. foreign   C. body   D. spoken
5. A. love   B. concern   C. goal   D. request
6. A. meeting   B. trip   C. story   D. task
7. A. recorded   B. performed   C. recited   D. discussed
8. A. idea   B. amount   C. dream   D. reason
9. A. disturbed   B. supported   C. embarrassed   D. attracted
10. A. end   B. past   C. course   D. distance
11. A. showing   B. acting   C. saying   D. wanting

12. A. exercise   B. explore   C. express   D. explain
13. A. print   B. write   C. sign   D. count
14. A. slow   B. steady   C. normal   D. obvious
15. A. chair   B. sponsor   C. attend   D. organize
16. A. missed   B. passed   C. gave up   D. registered for
17. A. prohibited B. welcomed   C. ignored   D. repeated
18. A. Lastly   B. Thus   C. Instead   D. However
19. A. required   B. caused   C. allowed   D. expected
20. A. easy   B. popular   C. quick   D. new

第19小题对应的句子是"__18__, if there had been any talking, it would have __19__ us to learn less."选项包括 required、caused、allowed、expected。

cause 这个动词，隐含的意思就是"导致坏的结果"，带有一点消极色彩。在第19小题对应的句子当中，"less"表达的也是消极的含义，由此可见，两者是匹配的。

如果不认识其他单词，但是对于 cause 的含义和情感色彩有充分的了解，那么完全可以直接选 B。顺便一提，完形填空题采用排除法来做，正确率一般比直接选要高。

类似的还有"always be doing"这个现在进行时结构，一般来说表达的是很强烈的情感——要么是强烈褒义，要么是强烈贬义。了解了判断情感色彩这个方法，我们再做完形填空题和观点态度题就会容易一些。

2. 英语作文

对于作文，我们可以先用中文梳理提纲，表述几个具体的信息点，然后思考如何应用自己积累的句型。

值得注意的是，字写得好看，至少写得清楚明白，是拿高分非常重要的一环。

以下是具体的作文技巧。

（1）思考采取什么样的逻辑结构，才能把信息完整、清楚、明确地串联在一起。

比如，写实用类的邮件，就应该先用一两句话介绍写信的目的（如某个活动即将举办），然后用主体段落来介绍信息，并且使用一些常见的连接词来使文章的逻辑更加清楚，最后表达祝福。

如果是写看图说话类议论文，就应该用第一段来概括图片所表达的信息，然后在第一段的结尾指出，这是什么现象及"我"对这个现象的看法。第二段也就是主体段落介绍我这么想的理由，第三段概括总结。

对于一篇100词左右的作文，创作逻辑一般不难，但我们需要结合日常实际表达清晰。

（2）思考在哪些地方可以使用灵活的句法表达为文章增色。

建议大家在接下来的作文训练当中，积累几个自己用得很熟练的"加分结构"。每次考试之前，想想自己可能可以使用哪些句式。一般来说，包含非谓语动词的句子、强调句、包含形式主语的句子，都是比较常见的"亮点句型"。我们可以根据自己对各类句式的掌握程度做好准备，对自己用得熟练的句型做到心里有数。

（3）思考不同类别的文体，各自有什么样的特征和写作规范。比如，对于信件，开头要问好，结尾要祝福；对于议论文，要在开篇提出论点，总结的时候要注意呼应，等等。

此外，掌握一些地道表达也是很有必要的。举例如下。

"It is widely accepted that..." 描述广为人知的现象。

"Gone are the days that..." 描述一个不再出现，但是以前曾经出现过的现象。

"We'd appreciated it if you would..." 用于表达客气的邀请。

"Could you please..." 表示一种客气的邀请。

不过，掌握句法并使用句法，才是提高英语作文表达水平的重要技巧。

例如，在邀请对方出席演讲比赛的邮件当中，要表达会有一名母语为英语的裁判，可以说"With a native speaker being the judge, participants can surely learn more in the contest." 这就比"There will be a English-speaking judge in the contest"要生动。而要想写出第一句这种表达，就需要我们对独立主格的用法非常熟练。

此外，还有一点需要注意，那就是在使用强调句时，要慎用带有绝对色彩的强调句型，比如，"Only when..."就要尽量避免。因为过于绝对的表述是不恰当的，而且这个倒装句型可能会给阅卷人留下"强行炫技"的印象，从而令阅卷人反感。

在一篇作文当中，过长的句子也最好不要出现。像前文中提到的需要划分句子成分才能很好地理解的长句就最好不要出现，因为我们很难保证自己能完全写对。若语法错误，反而会让我们被"倒扣"分数。

学习英语最重要的便是坚持，勤加练习，时常总结。

学习英语的过程中，我们要通过大量训练来巩固和熟悉以上知识和技巧。而练习之后更需要总结，从而将这些内容"消化"彻底。

每考完一张卷子，建议大家问自己下面三个问题。

（1）这张卷子上有什么需要积累的？包括单词、短语、句型。

（2）这张卷子反映出了"我"的什么问题？比如，很多单词都不认识；认识单词，但读不懂句子；单词和句子都能理解，但是对于文章的把握会出现偏差，如对于文章前后呼应和文章段落主旨的理解总是会出现问题；在语法填空和改错上失分严重，等等。

（3）"我"还能怎样更好地表达这句话？"我"能用高级句式改写吗？"我"能把这两个信息点用一个复合句表述出来，而不是用两个简单句吗？"我"能找到一个更贴切的形容词吗？

扪心自问后，我们需要做的便是反思、积累。

每多坚持一天，我们距离英语130分就会更近一步。

后记1　我的同窗，从小城到北京用了12年

不知不觉间，这本书就写到了尾声。整本书以"我"为中心，写了我自己的一些学习感悟。所以，在本书的最后，我想与大家分享除了我自己的，我的朋友的故事——他如何一步一步向清华迈进的故事。

他生于贫困市县，在那个地方，依靠贫困专项每年考上清华和北大的人数是以个位数计的。但他最后以680分的成绩，用不折不扣的踏实和努力考上了清华。

为了更流畅地呈现他的思考与经历，我把他的故事梳理为了第一人称的文章。

小学时，我上的学校说好也不好，说差也不差。我一直名列前茅，因此常常被邻里夸奖。

于是我便有了底气，在父母的鼓励下，想考省城最好的初中，但是以失败告终。当时我12岁，正是经不起打击、自尊心又极强的时候。后来因为赌气，我便随便找了一所当地的初中入学了。所幸我的成绩在初中时还算不错，慢慢地，我的信心和斗志又回来了。

虽然上省城最好的初中的愿望没有实现，不过，在父母的鼓励和"吹捧"下，我产生了转学进入当地最好的初中的想法。

13岁的我，被父母拎着进入当地最优秀的初中的教导主任办公室后，父母便走了出去。教导主任看着我一个人在那儿，不知道我要做什么。那是我第一次毛遂自荐，我给教导主任看了我在原来学校的成绩单，然后很直白地对他说，我想转到这个学校来。

估计教导主任从没见过这种孩子。当时，我的双腿都在发抖，只听到

他的那句"那你来参加这里的期末考试，考进前 50% 我就让你来。"

我很幸运地考进了前 50%。

这一次毛遂自荐也"狠狠"地告诉了我：机会是需要自己勇敢争取的，无论是面对长辈还是面对同辈。

进入新学校没多久，我就受到了打击。

毕竟两所初中的差距摆在那儿。在新学校，每一次考试，我都处于班里二三十名的位置。没到 14 岁的我，是不懂得理性分析资源差距需要如何弥补。所以，我经历了整整一个学期的颓丧与退步。

我被老师找去谈话了，她毫不客气地说我是"关系户"。

虽然我当时有些叛逆，但是我跟父母的关系还是融洽的，我觉得自己对不起他们。

14 岁的我放弃了每天回家，选择了在学校住宿，为的就是对得起父母，为的就是超过班里的每一个人。

有很长一段时间，我的数学一直处于 70 分左右的水平。学校每天定时关灯，并规定不能在关灯之后于宿舍里开小台灯学习，我便在查寝之后跑到洗漱间刷题，因为那儿有灯。没坚持几天，我偷偷摸摸的行为便被校长发现了。他虽然责备了我一通，但没给我什么处分。后来我从在洗漱间学习，转移到了在宿舍楼顶学习。甚至有一段时间，我强迫自己半夜三点爬起来学习。

很幸运，我的努力是有回报的。

我的目标，从超过班里的每一位同学，变成了超过学校里的每一位同学。

在自尊心过强的小屁孩阶段，我经历过一次失败。从此，我再也不敢轻易给自己立目标。

但是现在想想，这反而是件好事——对自己的水平没有清晰的认知的情况下定的目标，最后往往会成为负担。我想，倒不如在每一个阶段，将目标设置为要求自己的绝对水平和相对水平都变得更好，明天的自己比今天的自己掌握更多的知识。如此，在日积月累的过程中，我们有了足够的实力，目标自然浮现。

在我成为年级第一后，我终于有了考省城优秀中学的底气——它每年大概在本市招收12人。中考的时候，我考了全市第9名，迈过了进入省城优秀中学的地州实验班这道门槛。

在这里，我想给大家提几点提升学习成绩的建议。

首先，我们要保持体力、合理熬夜。

备考的时候，无论是中考还是高考，一开始都不能冲得过猛。否则，一来可能造成后期体力不支；二来可能造成心理疲惫，不利于维持良好状态。"细水长流"地匀速奔跑，更有利于取得好成绩。

此外，如果我们需要通过熬夜来弥补前期过多的不足，那么建议在备考阶段的前期熬夜，后期休息要紧。但是后期我们也不要过度放松，免得整个人松弛下来后丢掉了状态。

总之，我们需要保持热情，避免行百里者半九十的情况。

其次，我们要拒绝学习中途出现的"诱惑"。

无论是中考还是高考，在最后阶段，我们可能会收到一些学校的橄榄枝或优惠政策。比如，中考到来之际，本市最好的高中以放弃中考为条件签走了我们班的一些同学，但是我坚持要考与自己的实力相匹配的学校，放弃了这个机会。选择了中考这条路，我就会心无旁骛。

再次，要学会跟自己比较，同时跟别人比较。

我们都强调要学会看到自己的进步，学会判断今天的自己是否比昨天的自己更好。同时，我们也要学会跟别人进行比较，因为跟自己比较很容易误判进步的速度——如果别人的进步速度是我们的两倍呢？所以，我选择每周周中跟自己比较，周末跟别人比较，进而总结并规划下一周的计划。

最后，要合理制定目标。

这里我想分享的是，要学会承认资源和环境的差异。跟一些学弟学妹沟通时我便发现，他们中的有些人挣扎于"以前排年级第一，到高中之后就排一两百名"的落差的泥沼中。但是，从我的初中转学经历中也可以看出，即使是在同一个学段、同一个地域，资源的差距都是可怕的。所以，建议大家专心于超过学校里的人，再超过校外的人。这是因为我们不仅要明确自己在学校里的位置，也要明确自己在整个省的位置。不过，在这个过程中，我们要冷静地一步一步来，毕竟一口吃不成胖子。

此外，这样做可以在压力过大、对自身水平认知不足的时候，减轻宏远目标给我们带来的压力和迷茫感，让我们聚焦于提升自我、与自己比较。当我们的实力足够了，目标便会浮现出来。

这一原则延续到了我的高中——高一第一节晚自习，全班同学需要填自己的目标，一个实验班共60人，有55人填了清华或北大，而我是那个例外。因为我知道竞争环境不同了，我需要先正视自己、了解自己，从而提升自己，再明确自己的目标。

我如愿考入了省城优秀中学的实验班，自然拥有了更丰富的学习资源。

但是，高强度竞争自然也带来了心理落差——初中的时候，我在"舞台中心"；但是在这儿，我沦为了"泯然众人"。所幸这个时候，我已经不是那个盲目高自尊的"小屁孩"。

要克服这种心理落差，在此我提几个建议。

（1）欣赏竞争。在承认差距、明确自我定位的基础上，我们要学会欣赏竞争。高强度的竞争，说明我们在一个好的环境中，说明我们比原本更好。并且，在正确处理、摆正心态的前提下，高强度的竞争为我们带来的是向上的动力。

（2）欣赏环境。在省城上学，我一学期只能回一次家。家，我自然是想的，特别是初来乍到的时候。但是，我也学会了怀着欣赏的心态面对学校的环境，这其中心理暗示自然发挥了很大作用。

（3）我们不仅要学会向长辈毛遂自荐，还需要学会向同学学习。一个上进的朋友圈对我们而言很重要，并且在"枯燥"的学习生活中，朋友会给我们的学习提供诸多的精神支持。此外，大家可以跳出小学、初中的羞涩拘谨，大方地跟男女同学共同交流。接触不同的思维，也会给我们更深入地理解环境、理解自己、形成自己的思维方式提供无形的支持。

当然，从高一到高三，每个学年需要的学习上的和心态上的支持都不太一样，这里我也结合自身的经历展开说一下。

首先是高一阶段，整个年级同学们的成绩大致呈正态分布。而高一也是从初中向高中过渡的重要阶段，我们可能会发现，无论是学习模式还是课程难度，都比初中上了好几个台阶。再叠加上心理落差大和竞争强度大等因素，我们可能会遇到诸多倍感不妙的状况。

在这种自信心受挫的时候，我选择了打"组合战"。首先要发挥优势科目。拿我自己来说，虽然我是个理科生，但是高一时学习状态还没调整过来，再加上实验班里大家对文综投入的热情都不高，所以我能靠在文综上的认真获得比较高的成绩，文综成绩比理综表现更好。所以，我选择继续发挥文综的优势，这样我的总分排名更好看。

更重要的是，总分排名好看会给我信心，支持我坚持下去。

对于暂时处于劣势的科目，由于时间分配和精力有限，我至少会保证它不掉队。何谓不掉队呢？就是每节课的基础要学牢，课后习题要跟紧，不让它滑落，即使"差"，至少也要让它平稳，不能再跌。

那么，剩余的事情就是用整个假期弥补劣势。假期认真学习，便是最好的超越时间。在这个过程中比较重要的，一是信心，二是节奏。也就是劣势保证不往下跌，假期满打满算计划。

高一是艰难的过渡期，在以上基础上，保证自己不掉队之后，最艰难的时光就过去了，高二便进入了拉开距离的阶段。

高二阶段，我们需要做的最重要的事情是，形成自己的学习规律和方法式，做好这一铺垫，高三便可以专心投入复习、查漏补缺之中。此外，高二的时候，我还选择了把高三可能会没有时间做的事情都做了一遍。例如，每天坚持跑步；更多地跟同学沟通，结交更多的朋友；留心周围的世界，做一些不那么"功利"的事情；寻找自己的兴趣，慢慢摸索自己的目标和方向。

高三便进入了两极分化阶段。在进入高三之前，我与身边大多数同学的恐惧心理不同，我相信心理暗示的力量——只剩最后一年了，需要冲刺一把，这个挑战多有趣啊！

所以，我是以准备充分的姿态进入高三的。而由于实力的累积，我的目标也浮现了出来——清华。当然，在此过程中也有一些经验分享给大家，在看到身边优秀的同学都有了归宿，比如，参加高校夏令营，提前获得降分录取资格，我们要学会拒绝这些事情的负面影响——我的路是高考，所以我只管好好准备高考。

虽然与原本就在省城读书的同学在高一时的起点不一样,但最终我还是取得了不错的成绩。

因为高中三年,可以改变很多东西——

我们既可以用高一、高二来保证自己不掉队,用高三来查漏补缺和提高,同时摸清高考规律。也可以用这三年,不断在信心备受打击的情况下走下坡路。

我相信在读这篇文章的你们都会选择前者。

在我高中的班级里,如愿进入清华或北大的同学中有50%平时的成绩排在年级一两百名。他们的学习方法没有特别之处,但是能保证跟着老师把题目做出来,保证踏实地把课上讲的内容通过追问老师和同学的方法弄明白。

他们共同的特点,便是踏实、努力、坚持,保证自己看似平庸的成绩不会下滑。除此之外,还有心地善良。

而我也相信,在读这篇文章的每一个人也是这样坚持、认真、踏实的人。

如果问我,来到清华最大的收获是什么。那么我的回答便是,遇见了更优秀的人,遇见了更激烈的竞争。

虽然我没有大多数同学出色,在清华各个方面都有"大佬"碾压,但是,我仍然坚持自己的原则——即使在群体中平庸,我也不会沉沦。只要这个群体足够优秀,它就会给我们向上的动力。

最后,祝每一位中学读者都能好好发挥渴望的力量,风雨无阻,坚持的结果不悔。

后记2 打破甚至摧毁自己的"神话"

不知不觉,这一段回忆录就走到了终点。很感谢有这样一个契机,让我浸润在文字之中,完成了自己的"求学纪念册"。

现在的我焦虑、迷茫吗?未来渺茫吗?答案是肯定的。

毕竟在清华大学,来自他人智商的碾压无处不在;走出校园后,来自他人能力的碾压也无处不在。

在距离高考还有 200 天的时候,我总觉得清华是个"神话",这就等同于清华里的每个人都是个"神话"。于是,我渴望自己成为里面的一个"神话"。

后来我终于考进了清华,却没有成为"神话"。为什么呢?

就像很多故事会追溯很久以前的事情一样,我就从很久以前的焦虑与迷茫开始讲吧。

听各路亲戚还有妈妈说多了,我也就知道了,自己生下来就不被重男轻女的奶奶喜欢,所以我是被外公外婆带大的。很幸运的是,我有疼我的外公外婆,他们告诉我,我很乖巧。

后来我被接回爸爸妈妈身边念小学。跟外公外婆说我乖巧不一样,我的奶奶、妈妈等人都说我笨,说我不活跃。我没有堂兄弟姐妹、表兄弟姐妹讨人喜欢。

童年时期,我的妈妈在跟爸爸吵架之后,面对我解不出数学应用题的笨拙,会把我要交的作业撕成两半。她还给我买了一大堆应用题的书,不允许我看电视。

我最初的焦虑、迷茫便在于,一定要证明自己比堂兄弟姐妹、表兄弟姐妹优秀。

小学的时候，我唯一能直接证明自己不笨的方式就是把数学学好。

可惜我六年级的时候数学老师告诉我："苏静颖，你数学还是不行啊。"

五年级的时候，妈妈便把我送到了寄宿小学。爸爸妈妈希望我能考上当地最好的初中、最好的实验班。他们说："要是考不上，就别浪费那么多钱和心思去寄宿小学读书了。"对于当时的我而言，他们说这句话的意思是，这就是给你的最后一次机会了。

我的数学确实不够好，但为了证明自己，我凭着语文和英语取得了不错的成绩。不过，我还是想通过优秀的数学成绩来证明自己不笨；又或者，我想通过超越那些老师喜欢的聪明的同学来证明自己。

后来，我的焦虑和迷茫便在于超越老师喜欢的那些同学。

我凭着区第二十几名的成绩进了优异的初中，成了4个实验班中的一名普通学生。

第一次期中考试，班里所有的同学都急于证明自己。我在考试前却"烧高香"想：不要考到40名以后就好。一般大考后各科考卷陆续发下来的那几天，便是班里公认的"强者"之间默默较劲儿的时刻——他们加总各科分数，暗自与竞争对手比较总分孰高孰低。往往旁边的同学也会凑热闹，帮助"强者"比较排名。

当时的我只是一个无人问津的"小卒"。但是那次我却考了年级第二，比第一名低了0.3分。

班主任开始喜欢我，正巧他就是数学老师，于是我便有了源源不断的学习数学的"外生动力"。

尝到一次甜头，我就不再甘于"平庸"了。后来我自己悄悄地算了一下，初中三年下来，我是年级里进入年级前10名和考年级第1名次数最多的人。

我第一次变成了爸爸和他的朋友茶余饭后的话题，成了爸爸的骄傲。

但是，爸爸和妈妈多年来的争吵，反反复复地闹离婚，好像变得更激烈了。妈妈去了另一座城市，也总是对我不满意。

爸爸经常在两个城市之间穿梭，于是我便经常一个人待在家里。

我开始非常擅长察言观色，父母的任何一个小动作、一种语调、一种氛围，我都可以判断出，又出什么事了，又出了多大的事。我害怕他们离婚。

不过很幸运的是，这个时候我已经有了一些很要好的朋友。

再后来，我焦虑和迷茫的原因，变成了破碎的家和妈妈对我不满意的态度。

高中之后，我考上了妈妈所在城市最好的中学。从上高中起，我的目标就是清华，但这个高中中的"大神"太多。

高一几次考试之后，我开始慌了——我全科"无死角"被碾压。

物理对于我来说，就像魔鬼。高一下学期的某个上午，我鬼使神差地冒出了读文科的想法，但我又怕自己政、史、地学不好。所幸当时的班主任算是无形中给了我一颗"定心丸"，她对我说："你要是决定读文科，目标就是全省前十。"

于是我成了一个不成功的"逃离者"。

高三上学期，我幸运地以很微弱的分差连续三次得了年级第一，也因此获得了清华大学领军计划的入场券。

我的焦虑便从考上清华大学变成了考上清华大学分数最高的专业。

高三下学期，我的每一次考试的排名、每一个科目的成绩都可以说是创造历史新低，甚至到了无缘清北的边界——我遇到了无法突破的瓶颈。

幸运的是，当时的我选择了坚持研究高考题，并在每一次模考后总结自己哪里做得不够好，应该怎么改进。

我并没有太多的时间思考结局，因为人都活在当下。

焦虑在我考上清华后就消失了吗？当然没有。

进入清华后，我陷入了新的焦虑，因为我遇见了一群更优秀的同学。他们在保持优异的学习成绩的同时，有丰富的社团活动经历，有丰富的海外交流经历，有丰富的实习实践经历，还有丰富的科研经历……

这个世界上优秀的人太多了，焦虑与迷茫，似乎永远没有终点。

大二的时候，我跟一位学姐在后海清吧的露台上吹风、聊天。

突然有那么一刻，我发现自己之前的努力，好像都是为了证明给别人看。不过还好，结局是好的，起码我喜欢现在的自己。

突然有那么一刻，我发现自己每一个阶段的焦虑带给我的结果都是我不断地打破自己以前所向往的"神话"。

忘了在哪里看过这么一句话：当让你焦虑的事情越来越"高级"的时候，说明你成长进步了。

什么意思呢？我以前怕自己考不进年级前50名，后来怕自己考不进年级前十名，现在怕自己考不了第一。虽然我可能越来越焦虑，但是我一定进步了很多。

我在不断地打破自己的"神话"。哪怕生活中的每个阶段，我都有超越不了的人，但我一直在超越自己！

也因此，我喜欢现在的自己。

亲爱的读者，祝你们打破自己每个阶段一个又一个的"神话"——这意味着人在成长。一直向上生长，不为别的，只为让明天的自己更加喜欢自己！